WhatsApp

Stefan Beiersmann

Digitale Welt für Einsteiger

WhatsApp

Alle Funktionen, Tipps und Tricks

Für alle Android-Smartphones und alle iPhones

Inhaltsverzeichnis

31

Legen Sie los: Probieren Sie sich an Ihrer ersten Nachricht.

42

Bequemer als Tippen: Sprachnachrichten aufnehmen und versenden.

65

Gruppenchats sind eine tolle Möglichkeit, sich mit mehreren Leuten gleichzeitig abzustimmen.

81

Welcher Smiley passt in welchem Zusammenhang? Der Emoji-Knigge hilft.

104

Auf der sicheren Seite: Fünf Vorkehrungen für mehr Datenschutz.

116

Mit WhatsApp fremdsprachige Nachrichten übersetzen.

Installation und Einrichtung

Nachrichten mit WhatsApp zu schreiben, funktioniert wie eine SMS – ist aber noch einfacher und vereint viel mehr Funktionen. Sollte die App mit dem grünen Telefonhörer-Symbol auf Ihrem Android-Smartphone oder iPhone nicht bereits vorinstalliert sein, erfahren Sie in diesem Kapitel, wie Sie WhatsApp herunterladen, installieren und erste Schritte darin unternehmen.

Die App zum Hallo sagen

Ob Android-Smartphone oder iPhone – WhatsApp gibt es kostenlos für alle gängigen mobilen Betriebssysteme. Unabhängig davon und der Smartphone-Marke können Sie per WhatsApp auf vielfältige Weise in Kontakt miteinander treten. Dieser Ratgeber führt Sie Schritt für Schritt durch die vielen Funktionen.

Konkret werden in diesem Ratgeber das Android-Gerät Samsung Galaxy S7 Edge mit Android 7.0 sowie ein iPhone 5S mit iOS 11 verwendet.

Die Unterschiede zwischen Android und iOS werden in jeweils verschiedenen Abschnitten und durch viele Screenshots deutlich, sodass Sie diesen Ratgeber unabhängig davon verwenden können, ob Sie WhatsApp auf einem Android-Smartphone oder einem iPhone von Apple benutzen.

WhatsApp läuft auch auf älteren Smartphones

▶ **Android-Smartphones** benötigen mindestens die Version 2.3.3 Gingerbread. Ab 1. Februar 2020 wird WhatsApp die Android-Version 4.0.3 Ice Cream Sandwich voraussetzen. Auf dem überwiegenden Teil der Android-Smartphones der letzten Jahre läuft aber mindestens Android 4.4 KitKat oder höher.

▶ **iPhone, iPad und iPod Touch** werden ab iOS 7 unterstützt.

▶ **Auf Windows-Smartphones** muss mindestens Windows Phone 8.1 oder das aktuelle Windows 10 Mobile laufen.

▶ **Ältere Nokia-Smartphones** mit dem Betriebssystem S40 können noch bis zum 31. Dezember 2018 genutzt werden.

▶ **Nicht unterstützt** sind Nokia Symbian 3 und Blackberry OS.

„Was geht?" –
Der Funktionsumfang auf einen Blick

WhatsApp war ursprünglich nur für die Veröffentlichung kurzer Statusmeldungen wie „Ich gehe jetzt ins Kino" oder „Ich bin wieder zu Hause" entwickelt worden. Davon leitet sich auch der Name ab, der im Englischen wie „What's up?" klingt, also „Was ist los?" – oder umgangssprachlich „Was geht ab?"

Bekannt wurde die App allerdings erst, nachdem die Entwickler einen Kurznachrichtendienst integrierten. Ab diesem Zeitpunkt bewarben sie WhatsApp als kostenlose Alternative zur SMS. Mit inzwischen mehr als einer Milliarde Nutzern, die mindestens einmal pro

Tag die WhatsApp-Anwendung auf ihrem Smartphone öffnen, hat man dieses Ziel zweifelsohne erreicht.

Heute unterstützt WhatsApp eine Vielzahl kostenloser Funktionen, die mit Kontakten aus aller Welt möglich sind:

- ▶ Chatten und Textnachrichten versenden
- ▶ Gruppenchats erstellen und verwalten
- ▶ Sprachnachrichten aufnehmen und versenden
- ▶ Telefonie und Videotelefonie
- ▶ Versenden von Fotos, Videos, PDFs und vielen weiteren Dateitypen
- ▶ Fotos und Videos aufnehmen, kommentieren und bearbeiten direkt aus der App heraus

Keine Nachrichten ohne Kontakte

Die hohe Verbreitung ist gleichzeitig ein Garant für den künftigen Erfolg: Wenn man sich zwischen mehreren Nachrichten-Apps entscheiden muss, wählt man selbstverständlich die, die von den meisten Freunden und Bekannten verwendet wird.

Der immer weiter wachsende Funktionsumfang soll zudem Nutzer anderer Dienste zu einem Wechsel zu WhatsApp verleiten. Tatsächlich ist es den Machern gelungen, durch Neuerungen wie Sprach- und Videotelefonie deutlich ältere Anbieter wie ICQ, Yahoo Messenger oder Skype zu verdrängen.

Wo gibt's die App WhatsApp?

Die WhatsApp-Anwendung kann jeweils in den offiziellen App-Marktplätzen der Hersteller heruntergeladen werden: dem App Store von Apple und dem Google Play Store für Android. Auf einigen Smartphones wie dem Samsung Galaxy S7 ist WhatsApp bereits ab Werk installiert.

Achten Sie bei der Installation darauf, dass die App vom Hersteller WhatsApp Inc. stammt. Andere als die offiziellen Quellen sollten

Sie vermeiden. Denn aufgrund der großen Beliebtheit von Whats-App bringen Cyberkriminelle immer wieder gefälschte WhatsApp-Versionen in Umlauf, die sie beispielsweise mit zusätzlichen Funktionen bewerben. Diese Apps enthalten in der Regel Schadsoftware, mit der man Unbefugten schlimmstenfalls ermöglicht, das eigene Smartphone auszuspähen und zu kontrollieren.

WhatsApp herunterladen und installieren unter Android

Der offizielle Marktplatz unter Android ist der Play Store, von wo aus Sie die App beziehen sollten.

1 Starten Sie auf Ihrem Android-Smartphone den Play Store und geben Sie in die Suche „WhatsApp" ein.

2 Tippen Sie auf den Eintrag *WhatsApp Messenger* von WhatsApp Inc. und anschließend auf die Schaltfläche *Installieren*.

3 Die App wird dann automatisch heruntergeladen und installiert.

Je nach Einstellung legt der Play Store das WhatsApp-Symbol auf einem der Startbildschirme Ihres Geräts ab. Andernfalls finden Sie das Icon im App Drawer.

Sie können diese Schritte übrigens auch von Ihrem PC aus erledigen.

1 Öffnen Sie den Play Store einfach in einem beliebigen Browser wie Chrome, Firefox, Internet Explorer oder Edge und suchen Sie dort ebenfalls nach WhatsApp. Achten Sie darauf, dass Sie im Browser mit dem Google-Konto angemeldet sind, das Sie auch auf Ihrem Smartphone eingerichtet haben.

2 Nach einem Klick auf *Installieren* bestätigt der Play Store, dass die App in Kürze auf Ihr Smartphone übertragen wird. In den meisten Fällen beginnt in dem Moment bereits der Download auf das mobile Gerät. Das klappt natürlich auch mit allen anderen Apps.

3 Nach der Installation bietet Ihnen der Play Store an, WhatsApp zu öffnen. Ist WhatsApp bereits installiert, tippen Sie stattdessen einfach auf das *Symbol* auf Ihrem Home-Bildschirm oder im App Drawer, um WhatsApp zu öffnen und einzurichten.

4 Beim ersten Start fordert WhatsApp Sie auf, den *Nutzungsbedingungen* und der *Datenschutzrichtlinie* zuzustimmen. Ohne Zustimmung zu beiden Regelwerken ist eine Nutzung der Messenger-App nicht möglich. Welche Daten WhatsApp von Ihnen sammelt und welche Rechte es sich in dem Zusammenhang vorbehält, wird ab Seite 87 näher beschrieben.

5 Mit der Bestätigung der Bedingungen gewähren Sie WhatsApp übrigens noch keinen Zugriff auf Ihre Daten. Darum bittet die App erst im nächsten Schritt. Hier haben Sie die Möglichkeit,

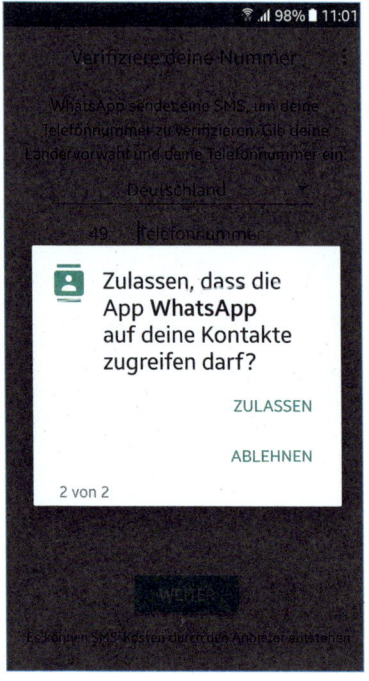

auf *Jetzt nicht* zu klicken, wodurch bestimmte Komfortfunktionen nicht zur Verfügung stehen. Nehmen wir aber zuerst den „Normalfall" an, sprich den Klick auf *Weiter*. Erst dann fragt WhatsApp nach den Berechtigungen für den Zugriff auf Fotos und Medien sowie Kontakte, die Sie anschließend einzeln bestätigen müssen. Welche Berechtigungen WhatsApp genau benötigt, siehe „Welche Berechtigungen hat ...", S. 29.

6 Unabhängig davon, ob Sie den Zugriff auf Fotos, Videos und Kontakte genehmigt haben, fordert WhatsApp Sie nun auf, Ihre Telefonnummer zu verifizieren. Dies entspricht der sonst bei Onlinediensten üblichen Anmeldung mit einem Benutzernamen und Passwort. Geben Sie Ihre Mobilfunknummer mit Netzvorwahl, jedoch ohne die führende „null", ein und tippen Sie auf *Weiter*. Bitte beachten Sie, dass Ihr Mobilfunkanbieter diese SMS in Rechnung stellt oder von einem vorhandenen Guthaben abzieht.

7 Bestätigen Sie die Telefonnummer erneut durch Tippen auf *OK*.

8 WhatsApp schickt Ihnen nun einen sechsstelligen Zahlencode an die angegebene Mobilfunknummer, den Sie in die App eingeben müssen. Wenn Sie WhatsApp die Berechtigung erteilen, auf Ihre SMS zuzugreifen, liest die App den Code aus und erledigt die Eingabe automatisch für Sie.

Name und Profilfoto festlegen

Nach erfolgreicher Verifizierung sind Sie bei WhatsApp registriert und können die App nutzen.

Zuvor bittet WhatsApp Sie allerdings noch, ein Profilfoto zu hinterlegen und einen Namen einzugeben. Wenn Sie auf das *Kamerasymbol* tippen, können Sie entweder ein Selfie aufnehmen oder ein

Foto aus Ihrer Galerie zum Profilfoto machen. WhatsApp bietet Ihnen sogar die Möglichkeit, das Foto zu bearbeiten und beispielsweise nur einen Ausschnitt auszuwählen. Sie können natürlich jedes beliebige Foto wählen, auch eines, das nicht Ihr Gesicht zeigt. Bei der Wahl eines Namens gibt es ebenfalls keine Vorgabe – es steht Ihnen frei, sich also etwa für ein Synonym zu entscheiden, das dann in den Adressbüchern Ihrer WhatsApp-Kontakte angezeigt wird. Allerdings haben Sie nur eine begrenzte Anzahl von Zeichen zur Verfügung.

Die Eingabe der Profilinfos schließen Sie durch Tippen auf *Weiter* ab.

Bedienelemente unter Android

Danach präsentiert sich Ihnen erstmals die Bedienoberfläche von WhatsApp. Sie ist in vier Bereiche, auch Tabs genannt, aufgeteilt.

► Über das *Kamerasymbol* ganz links rufen Sie die Kamera und gleichzeitig die Galerie auf, um Fotos oder Videos aufzunehmen oder vorhandene Bilder und Filme zu verschicken.

► Der Tab *Chats* (Deutsch: Gespräche) bringt Sie zu einer Liste mit den zuletzt geschriebenen Nachrichten. Sie sind nach Datum und Uhrzeit sortiert, wobei die Nachrichten, die Sie mit einem Kontakt oder einer Gruppe austauschen, zu einer Konversation zusammengefasst werden.

▶ Unter *Status* wiederum werden der Verlauf Ihrer Statusmeldungen und die Statusmeldungen Ihrer Kontakte angezeigt. Hier können Sie Ihre Kontakte über Ihre Stimmung, Ihren aktuellen Aufenthaltsort oder auch über Ihre aktuelle Tätigkeit informieren. Statusmeldungen werden automatisch an alle Kontakte verschickt.

▶ Ihre *Anrufe,* egal ob Sprach- oder Videotelefonate, finden Sie im ganz rechten Tab.

Oberhalb der Tabs können Sie durch Tippen auf das *Lupensymbol* die Suchfunktion starten, um Chats, Anrufe oder Kontakte zu finden. Die drei Punkte auf der rechten Seite öffnen das Menü, über das Sie eine Gruppe erstellen (siehe Seite 65), einen Broadcast starten (siehe Seite 79) oder WhatsApp Web einrichten können (siehe Seite 18). Auch die App-Einstellungen werden über dieses Menü aufgerufen. Zudem können Sie die Chat-Anzeige nach mit Stern markierten Nachrichten filtern, was ab Seite 49 erklärt wird.

WhatsApp herunterladen und installieren mit dem iPhone

Die iPhone-Version von WhatsApp finden Sie im App Store auf Ihrem iPhone.

1 Tippen Sie unten rechts auf das *Lupen*-Symbol, um die Suchfunktion zu starten, und geben Sie *whatsapp* ein. Schon während

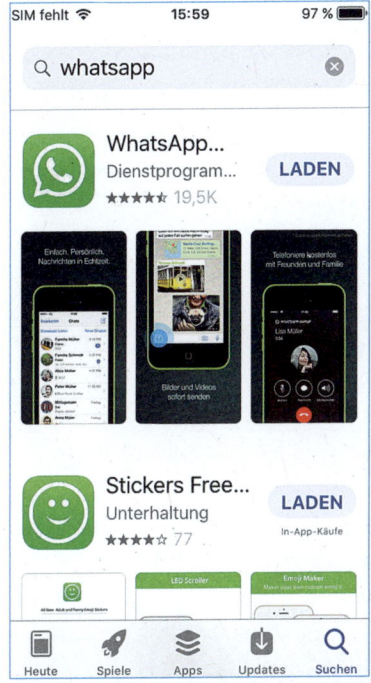

der Eingabe sollte Ihnen der App Store das gewünschte Suchergebnis vorschlagen, das Sie durch Antippen auswählen.

2 Tippen Sie anschließend auf *Laden*, um Download und Installation zu starten. Gegebenenfalls müssen Sie den Einkauf – obwohl die App kostenlos ist – mit dem Passwort Ihrer Apple-ID oder Ihrem Fingerabdruck bestätigten.

3 Die App ist installiert, wenn die Schaltfläche *Öffnen* erscheint. Der App Store legt das grüne *WhatsApp*-Symbol aber auch auf einem Ihrer Startbildschirme ab, um die App künftig von dort aus zu öffnen.

4 Beim ersten Start müssen Sie den üblichen *Nutzungsbedingungen* sowie der *Datenschutzrichtlinie* zustimmen – ohne ist eine Nutzung der App nicht möglich. Danach möchte WhatsApp bereits auf Ihre Kontakte zugreifen, um Ihnen „den bestmöglichen Service" bieten zu können. Was WhatsApp noch alles darf, dazu siehe „Welche Berechtigungen hat WhatsApp?", S. 29. Mehr zum Thema Datenschutz finden Sie zudem ab Seite 82.

5 Darüber hinaus möchte WhatsApp Ihnen auch Mitteilungen schicken, sprich, Sie über neue Nachrichten Ihrer Kontakte informieren. Hier sollten Sie ebenfalls auf *Erlauben* tippen. Die Benachrichtigungen der App können Sie selbstverständlich auch konfigurieren – wie das geht, wird ab Seite 21 beschrieben.

WhatsApp benutzt, im Gegensatz zu den meisten anderen Apps und Diensten, keinen Benutzernamen mit Passwort, um Sie eindeutig zu identifizieren. Alles, was Sie dafür benötigen, ist eine Telefonnummer: in der Regel die Ihres Handys – alternativ die eines Festnetzanschlusses.

1 Geben Sie also nun eine Telefonnummer ein, an die WhatsApp eine Bestätigungs-SMS mit einem sechsstelligen Zahlencode schicken kann.

2 Anschließend müssen Sie die Telefonnummer erneut bestätigen und den per SMS erhaltenen Aktivierungscode eingeben. Bitte beachten Sie, dass diese SMS kostenpflichtig ist und Ihre Telefonrechnung oder Ihr Guthaben mit den üblichen Kosten für eine SMS belastet. Sollten Sie keine SMS erhalten, können Sie den Vorgang durch Tippen auf *Zurück* wiederholen oder warten, bis WhatsApp Sie ersatzweise auf der angegebenen Telefonnummer anruft.

Name und Profilfoto festlegen

Nun können Sie Ihr WhatsApp-Profil erstellen. Es besteht aus einem Nutzernamen mit bis zu 25 Zeichen, der jedoch nicht Ihrem echten Namen

entsprechen muss. Optional können Sie ein Foto aus Ihrer Foto-Bibliothek hinzufügen oder auch mit der Kamera Ihres iPhones ein neues Foto oder Selfie aufnehmen. Alternativ bietet Ihnen Whats-App unter iOS an, die Profildaten aus einem Facebook-Konto zu übernehmen. Sollten Sie also bereits bei Facebook registriert sein, müssen Sie nach einem Tippen auf die *Schaltfläche* Ihre Anmelde-daten für das soziale Netzwerk eingeben und WhatsApp den Zugriff auf Ihre Facebook-Daten gestatten.

Die Bedienelemente auf dem iPhone

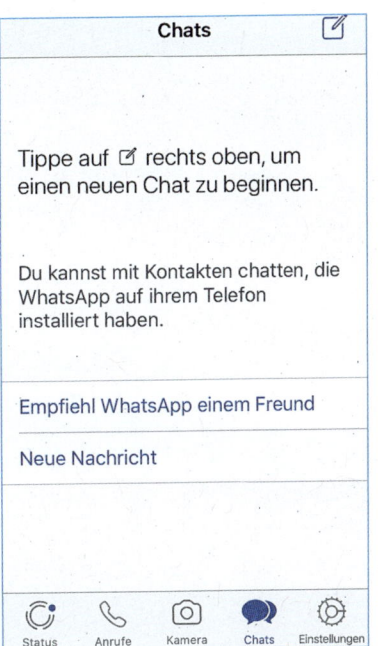

WhatsApp für das iPhone wird in erster Linie über die Tab-Leiste am unteren Bildrand be-dient. Dort finden Sie die Symbole für die wich-tigsten Funktionen: *Status*, *Anrufe*, *Kamera*, *Chats* und *Einstellungen*. Ein Klick auf eines der Symbole öffnet die jeweilige Funktion. Mithilfe der Tab-Leiste können Sie auch einfach zwi-schen den einzelnen Funktionen wechseln – mit einer Ausnahme: Die *Kamera* wird über das Kreuz in der linken oberen Ecke geschlossen.

▶ Unter *Status* können Sie eine Statusmeldung alle Kontakte verschicken, die nach 24 Stunden wieder verschwindet.

▶ Die *Anrufe-Funktion* umfasst Sprach- und Vi-deotelefonate mit anderen WhatsApp-Nutzern.

▶ *Kamera* öffnet die Kamerafunktion.

▶ Unter *Chats* finden Sie eine Übersicht aller bisher mit Kontakten und WhatsApp-Gruppen ausgetauschten Textnachrichten. Von dort verschicken Sie auch eigene Nachrichten.

▶ Die *Einstellungen* erlauben es Ihnen, die App an Ihre eigenen Bedürfnisse anzupassen. Allerdings finden sich einige Einstellmög-lichkeiten nicht in der WhatsApp-Anwendung, sondern in der *Ein-stellungen-App* Ihres iPhones selbst. Mehr dazu ab Seite 23.

WhatsApp für Windows, macOS und WhatsApp Web

In erster Linie für Smartphones gedacht, gibt es offizielle Varianten für WhatsApp auch für andere internetfähige Geräte. Sie stehen für PCs ab Windows 8 (32 Bit und 64 Bit) sowie für macOS (ab Version 10.9 Mavericks) oder neuer auf der WhatsApp-Website zur Verfügung. Aber auch Nutzer älterer Betriebssysteme wie Windows 7 oder Linux-Nutzer lässt WhatsApp nicht im Stich. Für sie ist WhatsApp Web gedacht, eine Version des Kommunikationsdiensts, die im Browser ausgeführt wird.

Alle diese Varianten haben zwei Dinge gemeinsam: Sie bieten einen geringeren Funktionsumfang als die Apps für Android, iPhone und Windows Phone und können nur parallel zu einem Smartphone ge-

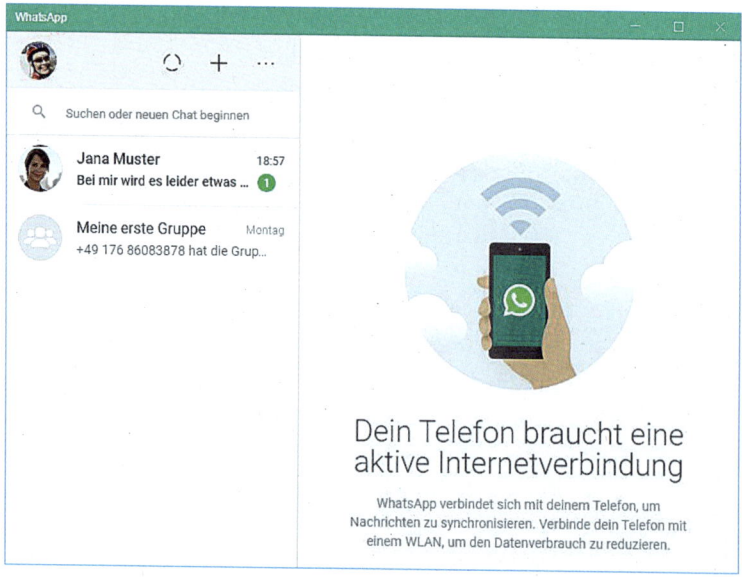

nutzt werden. Man muss WhatsApp also vollständig auf einem Telefon eingerichtet haben, das aktiv und mit dem Internet verbunden sein muss, um WhatsApp im Browser oder einer Desktop-App überhaupt starten zu können.

1 Gehen Sie auf web.what sapp.com oder öffnen Sie die Windows- beziehungsweise Mac-OS-X-App.

2 Öffnen Sie zudem WhatsApp auf Ihrem Telefon und tippen Sie unter Android auf *Menü > WhatsApp Web* oder auf dem iPhone auf *Einstellungen > WhatsApp Web*, um den angezeigten QR-Code zu scannen.

3 Die App auf Ihrem Telefon aktiviert anschließend die Kamera, mit der Sie den QR-Code aufnehmen.

4 Wurde der Code erfolgreich erkannt, müssen Sie nur noch die Meldung *OK, verstanden* bestätigen, um WhatsApp Web beziehungsweise WhatsApp für Windows oder Mac OS X zu aktivieren.

Solange Sie sich in WhatsApp Web oder den Desktop-Anwendungen nicht abmelden, müssen Sie die Einrichtung nicht wiederholen. Öffnen Sie die Anwendung oder die Website einfach erneut, um WhatsApp auf dem Desktop nutzen zu können. Achten Sie jedoch darauf, dass Sie währenddessen ebenfalls auf Ihrem Smartphone per WhatsApp erreichbar sind – andernfalls empfangen Sie auch auf dem Desktop keine Nachrichten.

WhatsApp einrichten

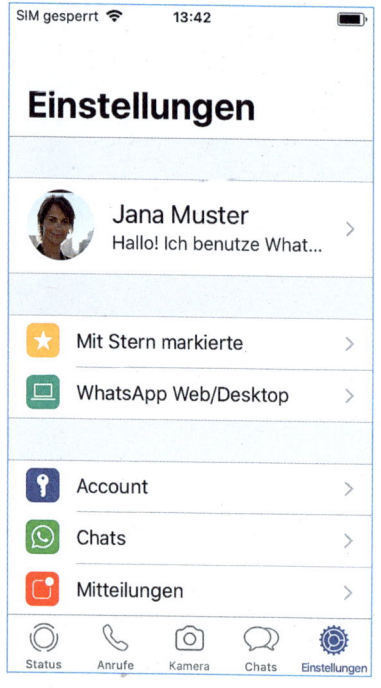

Bevor wir uns den einzelnen Funktionen von WhatsApp im Detail widmen, sollten Sie die App an Ihre Bedürfnisse anpassen.

Tippen Sie dafür unter Android auf die *drei Punkte* in der rechten oberen Ecke und wählen Sie *Einstellungen* beziehungsweise klicken Sie auf Ihrem iPhone in der App unten rechts auf *Einstellungen*. Hier können Sie nun Ihr WhatsApp-Profil und Ihr WhatsApp-Konto bearbeiten, die Chat-Funktionen und die Benachrichtigungen konfigurieren und festlegen, wann und wie WhatsApp auf das Internet zugreift.

Einleitend werden wir uns allerdings nur mit Ihrem Profil, den Benachrichtigungen und der Datennutzung beschäftigen. Alle weiteren Einstellungen werden später im Zusammenhang mit den jeweiligen Funktionen genau beschrieben.

Profil bearbeiten

In Ihrem WhatsApp-Profil (oberster Eintrag in den *Einstellungen*) sind neben einem Foto und dem Namen, die Ihren WhatsApp-Kontakten angezeigt werden, auch Ihre Handynummer und Ihre „Info" hinterlegt – Letzteres ist ein kurzer Spruch, der unter Ihrem Namen im WhatsApp-Adressbuch Ihrer Freunde erscheint.

1 Tippen Sie auf das Profilbild und *Bearbeiten* (iPhone) beziehungsweise das *Kamera*-Symbol neben dem Profilbild (Android), um das Profilbild zu ändern.

2 Wählen Sie ein Bild aus der Galerie oder nehmen Sie ein Foto mit der Kamera auf, um das Profilbild zu aktualisieren, oder tippen

Sie auf *Bild entfernen* (Android) oder *Foto löschen* (iPhone), wenn Sie kein Foto in Ihrem Profil hinterlegen wollen. Bei Ihrem neuen Profilbild müssen Sie noch den Bildausschnitt durch Verschieben der Markierung (Android) oder des Bilds (iPhone) festlegen. Auf Ihrem iPhone können nen Sie den Bildausschnitt zudem vergrößern, indem Sie das Foto mit zwei Fingern innerhalb der Markierung auseinanderziehen. Unter Android indes besteht die Möglichkeit, das Foto mithilfe des *Pfeil*-Symbols am unteren Bildrand zu drehen.

3 Ein Klick auf *Auswählen/Fertig* schließt die Bearbeitung des Profilfotos ab.

Ihre Info bearbeiten – der kleine Text unter Ihrem Profilnamen

Ihre Info – voreingestellt ist „Hallo! Ich benutze WhatsApp" – können Sie durch Antippen beliebig ändern oder eine der vorgeschlagenen Infos wie „Verfügbar" oder „Beschäftigt" auswählen. Außerdem zeigt Ihnen das Profil an, welche Rufnummer Ihrem WhatsApp-Konto derzeit zugeordnet ist beziehungsweise welche Rufnummer die WhatsApp-Anwendung verifiziert hat.

Benachrichtigungseinstellungen bearbeiten auf dem iPhone

WhatsApp ermöglicht Ihnen eine Kommunikation in Echtzeit. Textnachrichten kommen – bis auf eine geringe zeitliche Verzögerung, die in erster Linie technische Gründe hat – sofort nach dem Verschicken auf dem Gerät des Empfängers an. Damit Sie nichts verpassen, benachrichtigt Sie Ihr Android-Smartphone oder iPhone über jede neue Nachricht oder jeden Anruf. Diese Mitteilungen (iPhone) beziehungsweise Benachrichtigungen (Android) können Sie ebenfalls in den Einstellungen der WhatsApp-App an Ihre Bedürfnisse anpassen.

Auf Ihrem iPhone legen Sie fest, ob Sie Benachrichtigungen für neue Chat-Nachrichten und für neue Gruppennachrichten erhalten wollen.

1 Tippen Sie auf den *Schieberegler*, um die Benachrichtigungen zu deaktivieren.

2 Tippen Sie auf *Ton*, um einen Signalton auszuwählen oder für Nachrichten und Gruppenchats unterschiedliche Töne festzulegen.

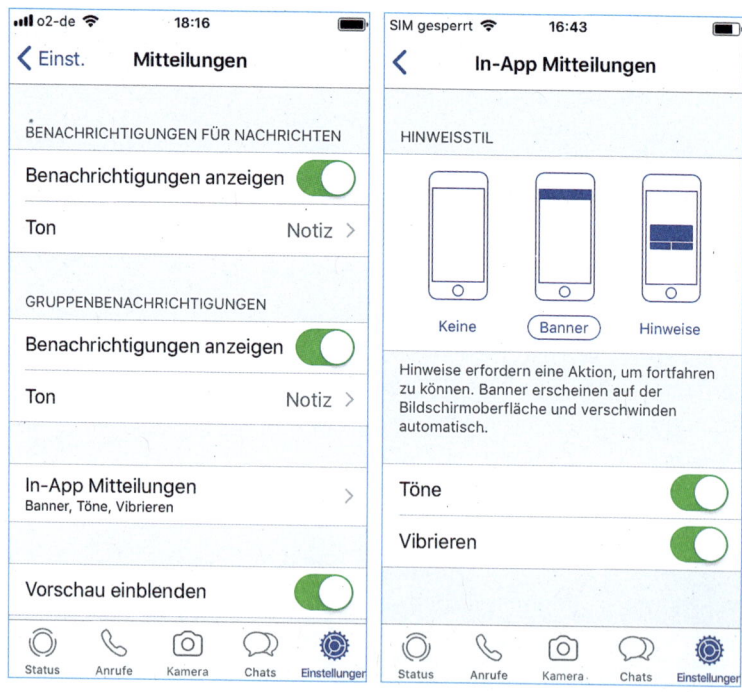

In-App-Mitteilungen informieren Sie auf dem iPhone über neue Chat- und Gruppennachrichten sowie Statusänderungen und Anrufe, während die App geöffnet ist. Es stehen Ihnen drei Optionen zur Verfügung:

❶ **Es werden keine Benachrichtigungen** angezeigt, wenn WhatsApp geöffnet ist.

❷ **Es wird ein Banner** am oberen Bildrand angezeigt, das automatisch nach wenigen Sekunden wieder verschwindet.

❸ **Es wird ein Hinweis** in Form eines Pop-up-Fensters angezeigt, mit dem Sie interagieren müssen, damit es verschwindet.

Darüber hinaus können Sie auch die Art der Benachrichtigung ändern, die Ihr iPhone einblendet, während WhatsApp geschlossen oder im Hintergrund aktiv ist beziehungsweise Sie eine andere App nutzen. Dazu müssen Sie die *Einstellungen-App* Ihres iPhones öff-

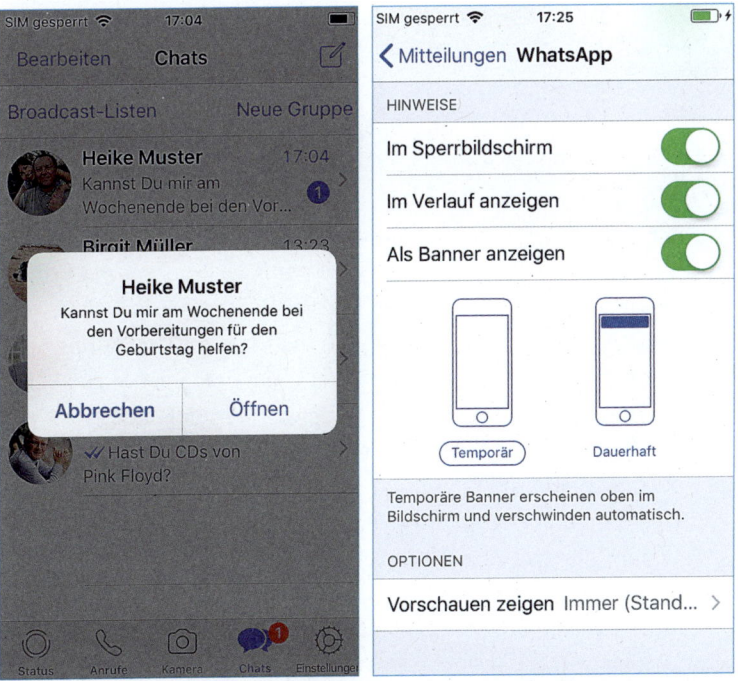

nen und den Punkt *Mitteilungen* aufrufen. Scrollen Sie anschließend nach unten und tippen Sie auf den Eintrag *WhatsApp*. Nun können Sie erneut festlegen, ob WhatsApp überhaupt Mitteilungen anzeigen darf, ob es zusätzlich einen Benachrichtigungston abspielt und ob im Symbol von WhatsApp ein Kennzeichenzähler mit der Anzahl der ungelesenen Nachrichten erscheint.

Außerdem können Sie sich Benachrichtigungen im Sperrbildschirm, im Verlauf oder als temporäres oder permanentes Banner anzeigen lassen. Letzteres erfordert wie der Hinweis bei den In-App-Mitteilungen eine Eingabe, damit es verschwindet. Schließlich können Sie auch noch einstellen, ob Benachrichtigungen für WhatsApp eine Vorschau auf den Inhalt der Nachricht enthalten, die Vorschau nur bei entsperrtem Gerät angezeigt wird oder die Benachrichtigung stets ohne Vorschau erfolgt.

Tipp

iPhone und Widgets: Seit 2017 das Betriebssystem iOS 11 als automatisches, kostenloses Update verteilt wurde, unterstützen auch iPhones sogenannte Widgets. Sie werden auf dem Home-Bildschirm mit einer Wischgeste vom linken Rand nach rechts aufgerufen.

Scrollen Sie in der Widget-Ansicht ganz nach unten und tippen Sie auf *Bearbeiten*. Im oberen Bereich erscheinen die aktiven Widgets, darunter weitere, die Sie durch einen Tipp auf das grüne *Plus*-Zeichen hinzufügen können. Hier sollte auch ein Widget für WhatsApp verfügbar sein. Es zeigt Ihnen die häufigsten Chat-Partner an und informiert auch mit einer Kennzahl über neue Nachrichten.

Tippen Sie auf eines der im Widget angezeigten *Profilfotos*, um den Chat mit dieser Person zu öffnen.

Zum Entfernen eines Widgets in der Widget-Liste ganz nach unten scrollen: *Bearbeiten* > auf das *Minus*-Zeichen tippen.

Benachrichtigungen bearbeiten bei Android

Auf einem Android-Smartphone bietet Ihnen WhatsApp ebenfalls an, für Nachrichten und Gruppenbenachrichtigungen eigene Töne festzulegen. Während WhatsApp nicht aktiv ist können Sie sich zu-

dem eine Pop-up-Benachrichtigung anzeigen lassen, die immer erscheint oder nur, wenn der Bildschirm an oder aus ist. Das Pop-up wiederum ermöglicht es Ihnen, direkt auf eine Nachricht zu antworten, ohne WhatsApp zu öffnen.

Darüber hinaus können Sie festlegen, ob Ihr Gerät beim Eingang einer Nachricht vibriert. Falls Sie nämlich Ihr Gerät „stumm" stellen, also Klingel- und Signaltöne abschalten, können Sie den Vibrationsalarm in der Regel aktiv lassen, um

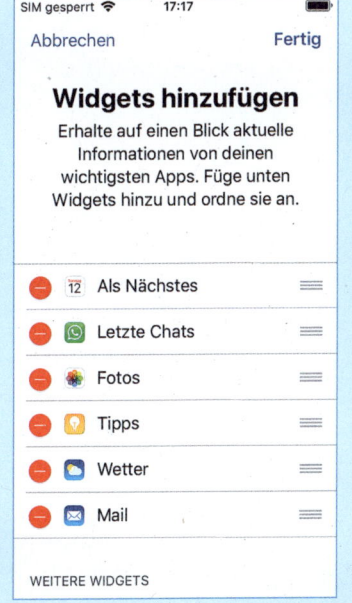

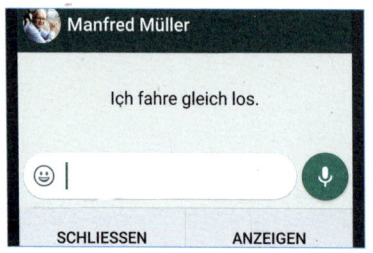

trotzdem keine neue Nachricht zu verpassen. Unter Android haben Sie zudem die Möglichkeit, ein unterschiedliches Vibrationsmuster für Nachrichten und Gruppenbenachrichtigungen einzustellen – auf dem iPhone lässt sich unter *In-App Mitteilungen* das Vibrieren lediglich ein- oder ausschalten.

→ Androids Benachrichtigungs-LED

Eine Benachrichtigungsform ist übrigens allein Android-Smartphones vorbehalten: die Benachrichtigungs-LED. Auf eine solche verzichtet Apple grundsätzlich. Einige Android-Smartphones haben sogar LEDs, die in verschiedenen Farben leuchten. Leider weiß WhatsApp nicht immer, ob Ihr Gerät die-

Tipp

Android und Widgets: Tippen und halten Sie auf den Startbildschirm, bis eine neue Ansicht erscheint. Unter *Widgets* finden Sie die Gesamtübersicht. Wischen Sie mehrmals nach rechts und tippen Sie auf *WhatsApp*. Hier verstecken sich drei verschiedene Widgets für die App.

Das Widget *WhatsApp* zeigt auf dem Home-Bildschirm ungelesene Nachrichten an. Ein Tippen auf diese öffnet direkt den Chat. Klickt man stattdessen auf die Titelleiste des Widgets, öffnet sich die Chat-Übersicht.

WhatsApp Chat erlaubt es, WhatsApp-Kontakte auf dem Home-Bildschirm zu hinterlegen, um von dort aus mit einem Klick eine neue Nachricht an diese Person zu verschicken.

Das dritte Widget namens *WhatsApp Kamera* öffnet ohne Umwege die Kamera, um ein Foto oder ein Video zu verschicken. Tippen und halten Sie ein Widget und platzieren Sie es auf dem Startbildschirm. Zum Entfernen: *Tippen > halten > Papierkorb*.

se Funktion tatsächlich unterstützt. Unter Umständen blinkt Ihre LED nur weiß, obwohl Sie unter **Licht** eine andere Farbe ausgewählt haben.

Weitere Konfigurationsmöglichkeiten bietet die *Einstellungen-App* von Android. Öffnen Sie den Eintrag *Apps* und scrollen Sie nach unten, um Einstellungen für die WhatsApp-Anwendung vorzunehmen. Hier können Sie unter dem Punkt *Benachrichtigungen* diese generell zulassen oder verbieten oder mit Priorität einblenden lassen, also auch, wenn Sie Ihr Gerät auf *Nicht stören* gestellt haben.

Datennutzung konfigurieren

Da WhatsApp ausschließlich über das Internet kommuniziert, belastet jede Chat-Nachricht, jedes gesendete oder empfangene Foto

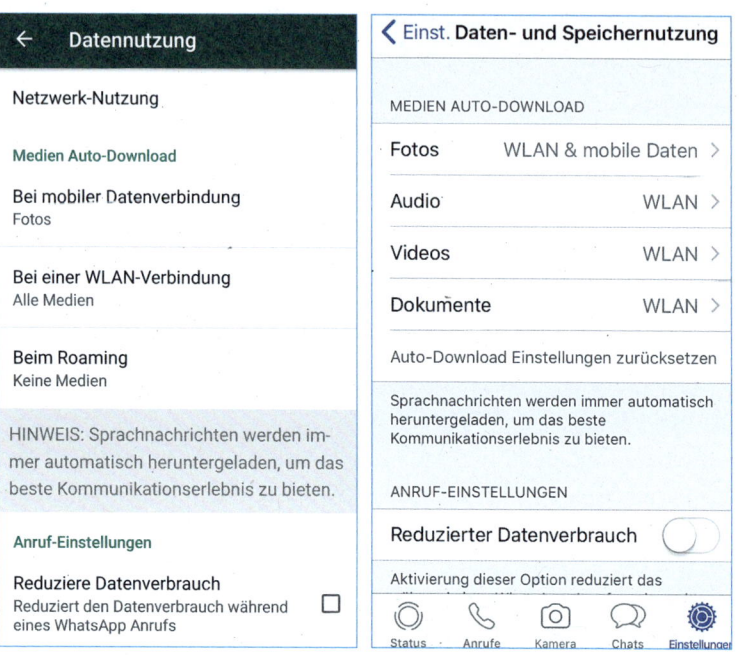

und Video und jeder Anruf Ihr Datenvolumen. Sollten Sie einen Mobilvertrag ohne Internetflatrate haben, sollten Sie die folgenden Einstellungen besonders genau beachten, da WhatsApp sonst zur Kostenfalle werden kann.

▶ **Unter Android:** Nach einem Tippen auf *Datennutzung* legen Sie unter Android fest, welche Daten bei einer bestehenden mobilen Datenverbindung automatisch heruntergeladen werden: Fotos, Audio, Videos und Dokumente.

▶ **Am iPhone** stellen Sie ein, ob Sie eine der genannten Kategorien nur per *WLAN*, per *WLAN und mobile Daten* oder *niemals* automatisch herunterladen wollen. Wer beispielsweise nur über ein geringes Datenvolumen von 200 bis 500 MB verfügt, sollte den automatischen Download über das Mobilfunknetz auf Fotos beschränken und Audio-, Video- und andere Dateien nur per WLAN laden.

Unter Android lässt sich zudem auswählen, ob Dateien auch bei aktivem Roaming heruntergeladen werden. Diesen Punkt sollten Sie nur aktivieren, wenn Sie sich vorab mit den Gebühren für die Internetnutzung im Ausland beschäftigt haben.

Welche Berechtigungen hat WhatsApp?

Sie werden es inzwischen bemerkt haben: WhatsApp erlaubt sich so einige Berechtigungen, um optimal funktionieren zu können.

Eine vollständige Übersicht über alle Berechtigungen finden Sie im Google Play Store. Den erreichen Sie auch über den Browser am PC, falls Sie kein Android-Gerät besitzen. Scrollen Sie ganz nach unten und tippen Sie auf *Berechtigungsdetails*.

Sollte man WhatsApp überhaupt nutzen?

Ja: Die App steht unter genauer Beobachtung der Behörden und Kartellwächter der EU. Datenmissbrauch hätte für den Mutterkonzern Facebook erhebliche Konsequenzen. Zudem können Sie Apps sowohl unter Android als auch auf dem iPhone gezielt Berechtigungen wieder wegnehmen (siehe „Berechtigungen auf dem Smartphone ...", S. 87).

Aber: Seien Sie sich darüber im Klaren, dass WhatsApp nur Geld verdienen kann, indem es die Daten seiner Nutzer zu Werbezwecken nutzt (siehe daher „Fünf Vorkehrungen für mehr Datenschutz", S. 104).

WhatsApp Messenger
Version 2.17.395 fordert evtl. Zugriff an auf

Kamera
- Bilder und Videos aufnehmen

Kontakte
- Konten auf dem Gerät suchen
- Kontakte ändern
- Kontakte lesen

Standort
- Auf den ungefähren Standort zugreifen (netzwerkbasiert)
- Auf genauen Standort zugreifen (GPS- und netzwerkbasiert)

Mikrofon
- Audio aufnehmen

Telefon
- Telefonstatus und Identität abrufen

SMS
- SMS empfangen
- SMS senden und abrufen

Speicher
- SD-Karteninhalte lesen
- SD-Karteninhalte bearbeiten oder löschen

Sonstiges

Alle wichtigen WhatsApp-Funktionen

Sie können sich WhatsApp wie eine alternative App für SMS vorstellen und es auch so verwenden. Aber vielleicht finden Sie ja Gefallen an einigen der vielen Funktionen, die die App noch so mit sich bringt. In diesem Kapitel erfahren Sie alles hierzu: von der einfachen Textnachricht über Sprachnachrichten bis zu bunten Statusmeldungen mit Emojis. Und was diese ganzen Smileygesichter eigentlich von Ihnen wollen, lesen Sie am Schluss des Kapitels – im kleinen Emoji-Knigge.

Die erste Chat-Nachricht

Um eine Chat-Nachricht zu schreiben, müssen Sie in der App den Tab *Chats* auswählen für eine Übersicht aller offenen Chats. Tippen Sie hier auf das *grüne Symbol* unten rechts (für Android) bzw. auf das *Stiftsymbol* oben rechts (auf dem iPhone). Anschließend öffnet sich Ihr WhatsApp-Adressbuch.

1 Klicken Sie auf einen Kontakt, um das Chat-Fenster zu öffnen.

2 Tippen Sie in das Textfeld – eine Tastatur erscheint. Geben Sie Ihre Nachricht ein. Sie können den Text auch etwas formatieren und etwa einzelne Worte fetten (siehe „Formatierung von Texten", S. 75). Ebenso können Sie aus einer Vielzahl von Smileys und Emojis auswählen – dazu im folgenden Kapitel (siehe ab S. 33).

3 Ist die Nachricht so, wie Sie sie haben wollen? Zum Verschicken tippen Sie auf das grüne, pfeilartige *Senden*-Symbol rechts neben dem Eingabefeld.

4 Die gesendete Nachricht erscheint nun im Chat-Verlauf. Ihre Nachrichten sind grün, die des oder der anderen sind weiß.

Sobald Sie einmal mit einem Kontakt einen Chat begonnen haben, finden Sie dieses Gespräch

auch in der Chat-Übersicht. Der Chat mit den neuesten Nachrichten rutscht immer automatisch nach oben.

Sie können in der Übersicht direkt auf einen Chat tippen, um dieser Person eine weitere Nachricht zu schicken – auch Tage oder Wochen später. Sollte bei der Gelegenheit die Tastatur nicht automatisch eingeblendet werden, reicht ein Klick in das Eingabefeld am unteren Bildrand.

Den richtigen Kontakt finden per Suchfunktion

Obwohl Sie neu bei WhatsApp sind, haben viele Ihrer Freunde und Bekannten die App vermutlich bereits. Wenn die App bei der Installation Ihr Telefonbuch auslesen durfte, könnte Ihr WhatsApp-Adressbuch von Anfang an gut gefüllt sein. Daher geht es manchmal schneller, die Person, der Sie eigentlich schreiben wollten, per Suchfunktion aufzurufen, anstatt die lange alphabetische Liste im Adressbuch zu durchforsten.

Die Suche finden Sie im *Suchfeld* (iPhone) oder über das *Lupensymbol* (Android). Tippen Sie die ersten Buchstaben des Namens ein – etwa „Jan" – und falls vorhanden, tauchen Kontakte wie Jan, Jana oder Jannis auf.

Den richtigen Kontakt finden über das eigene Adressbuch

WhatsApp integriert sich in das Adressbuch Ihres Smartphones, sodass Sie auch von dort aus eine WhatsApp-Nachricht verschicken können.

Rufen Sie einen Kontakt auf:

▶ **Tippen Sie auf Ihrem iPhone** auf *Nachrichten*, um eine Chat-Nachricht zu verschicken, oder auf das *Kamera*-Symbol mit der Unterschrift WhatsApp, um einen Videochat zu starten.

► **Tippen Sie auf Ihrem Android-Gerät** auf das *grüne Whats-App*-Symbol, um entweder eine Textnachricht zu verschicken oder einen Sprach- beziehungsweise Videoanruf zu starten.

Emojis, Dateien, Fotos und Sprachnachrichten versenden

Jetzt beginnt das Plus im Vergleich zur SMS. Denn moderne Chat-Nachrichten können nicht nur Text enthalten: Sie können auch Fotos und Videos, beliebige Dateien, Sprachnachrichten und natürlich Emojis hinzufügen.

Die zugehörigen Bedienelemente finden Sie im Bereich der Tastatur beziehungsweise des Eingabefelds:

► **Auf Ihrem Android-Smartphone** ist links vom Eingabefeld das *Smiley-Symbol* für die Emojis und rechts davon die *Büroklammer* zum Hinzufügen von Dateien, das (stilisierte) *Kamerasymbol* für Fotos und Videos und das *Mikrofon* für Sprachnachrichten.

► **Apples iPhone** zeigt links vom Eingabefeld ein *Plus-Zeichen* für das Hinzufügen von Dateien an und rechts davon *Kamera* und *Mikrofon*. Das *Emoji-Symbol* für Smileys findet sich indes in der untersten Reihe der Tastatur. Im Folgenden werden die Funktionen einzeln erklärt.

Emoticons, Smileys und Emojis

Genau genommen werden textbasierte Smileys wie :-) Emoticon genannt. Smileys wiederum sind die fröhlichen gelben, runden Gesichter.

Emojis sind die Weiterentwicklung und erlauben etwa die Anpassung der Haar- und Hautfarbe. Mithilfe von kleinen Äffchen über Handzeichen bis hin zu Landesflaggen können alle möglichen Sachverhalte ausgedrückt werden – vorausgesetzt man versteht, was gemeint ist (siehe „Emoji-Knigge", S. 81).

Groß im Kommen sind animierte, also sich bewegende Emojis, deren Lippenbewegungen mit dem Gesicht vor der Frontkamera synchronisiert sind.

Aber keine Sorge, auch :-) funktioniert nach wie vor.

Emojis versenden

Tippen Sie auf das *Smiley*-Symbol, um sich eine Auswahl an Emojis anzeigen zu lassen. Wischen Sie nach links und rechts, um weitere Emojis einzublenden.

Auf Ihrem iPhone werden unterhalb, auf Android-Geräten oberhalb der Emojis Symbole für verschiedene Kategorien angezeigt:

- ▶ Oft benutzt, geordnet nach zuletzt verwendet
- ▶ Smileys und Personen
- ▶ Tiere und Natur
- ▶ Essen und Trinken
- ▶ Sport und Hobby
- ▶ Reisen und Verkehr
- ▶ Objekte und Icons
- ▶ Symbole
- ▶ Flaggen

Während die Kategorien unter iOS und Android identisch sind, variiert das Aussehen der Emojis leicht. Ältere Betriebssystemversionen haben unter Umständen andere oder auch weniger Emojis im Angebot.

Ein Tippen auf ein Emoji fügt es an der Stelle ein, an der der Cursor blinkt. Sie können auch mehrere Emojis nacheinander einfügen oder Ihren Nachrichtentext an mehreren Stellen mit Emojis spicken – Ihrer Kreativität sind praktisch keine Grenzen gesetzt. Ganz unten rechts befindet sich die *Lö-*

schen-Taste, die das Emoji links vom blinkenden Cursor wieder entfernt.

Tippen Sie auf *ABC* (iPhone) beziehungsweise das *Tastatursymbol* (Android), um zur Tastatur zurückzukehren.

Animierte GIFs als Emoji versenden

Anstelle von Emojis können Sie auch von WhatsApp mitgelieferte GIF-Dateien versenden. GIFs sind animierte Bilder, die eine kurze Filmsequenz oder Animation endlos wiedergeben.

Auch hier erfolgt die Auswahl durch einmaliges Antippen. Allerdings werden die GIFs nicht in den Nachrichtentext eingefügt, sondern als separate Nachricht verschickt, der Sie wiederum einen Text beifügen können – selbstverständlich auch mit Emojis.

Unter Android finden Sie das *GIF*-Icon in der Symbolleiste unterhalb der Emojis.

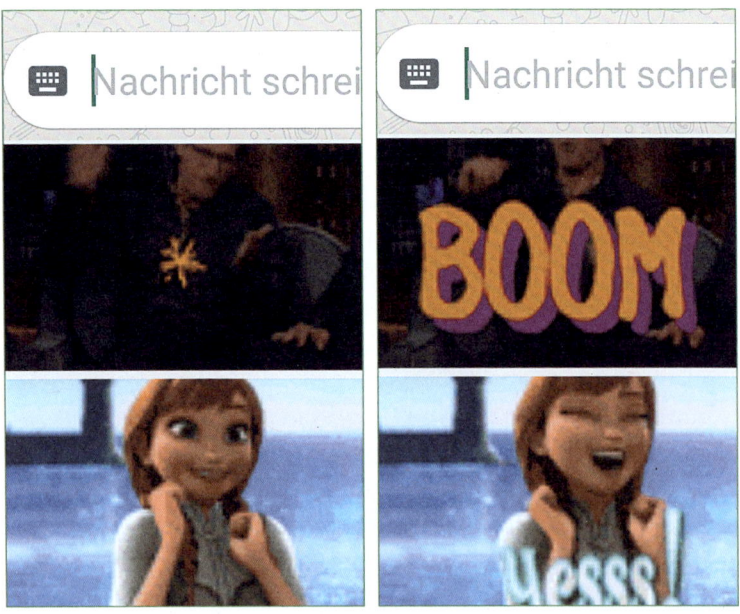

iPhone-Nutzer müssen indes einen Umweg gehen:

1 Tippen Sie auf das *Plus-Zeichen* fürs Einfügen von Dateien.

2 Wählen Sie *Foto- und Video*-Mediathek.

3 Tippen Sie unten auf *GIF*, um eine Auswahl vorinstallierter GIF-Animationen anzuzeigen.

4 Antippen wählt das gewünschte GIF für den Versand aus.

Verschicken von Dateien

Wenn Sie eine Datei verschicken wollen, können Sie zwischen *Dokumenten*, gespeicherten *Fotos* und *Videos*, *Kontakten* und Ihrem *aktuellen Standort* wählen. Auch die *Kamera* wird als Option angeboten.

Nehmen wir an, Sie haben von der Website Ihres Lieblingsrestaurants die Speisekarte als PDF heruntergeladen und wollen sie per WhatsApp verschicken.

Verschicken von Dateien per Android-Smartphone

1 Tippen Sie auf das *Büroklammer*-Symbol.

2 Wählen Sie nun *Dokument*.

3 Wenn die gesuchte Datei nicht unter den zuletzt verwendeten Dokumenten ist, müssen Sie auf das *Menü*-Symbol (*drei Balken*) oben links tippen und *Downloads* wählen, da Android hier automatisch alle heruntergeladenen Dateien speichert.

4 Wählen Sie das gewünschte Dokument aus und bestätigen Sie, dass Sie es an den Empfänger versenden wollen. Die Datei wird nun als separate Nachricht verschickt.

Verschicken von Dateien per iPhone

1 Tippen Sie auf das *Plus*-Zeichen.

2 Wählen Sie *Dokument* und anschließend *Durchsuchen*.

3 Nun bewegen Sie sich in der mit iOS 11 neu eingeführten Dateien-App. Die gesuchte Datei finden Sie entweder im Verlauf oder nach einem Tippen auf *Durchsuchen*.

4 Eventuell müssen Sie den Speicherort wechseln. Dafür tippen Sie im Tab *Durchsuchen* oben links auf *Zurück*, was Sie nicht zurück zu WhatsApp bringt, sondern zur Auswahl des Speicherorts. Standardmäßig steht Ihnen dort Apples Onlinespeicher iCloud zur Verfügung sowie jeder andere Speicherort, der Ihnen zuvor bei der Speicherung einer heruntergeladenen Datei angeboten wurde.

5 Wählen Sie nun die Datei aus, die Sie verschicken wollen, und bestätigen Sie den *Senden*-Dialog. Auch hier wird die Datei separat zu Ihrer Nachricht verschickt.

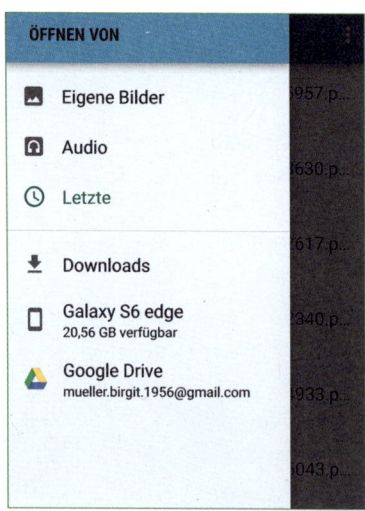

Wo liegt die zu versendende Datei?

Für den Versand von Dateien greift WhatsApp auf die Mechanismen zurück, die das jeweilige Betriebssystem bietet. Android legt Dateien in der Regel im Verzeichnis *Downloads* ab.

iPhones hingegen speichern die Datei meist lokal in einer App oder auf Apples Onlinespeicher iCloud. Letzteres ist für iPhone-Nutzer eine gute

Wahl, da sie auch von beliebigen anderen Geräten wie beispielsweise Windows-PCs aus auf iCloud zugreifen können.

Versenden von Fotos und Videos

Ähnlich funktioniert auch der Versand von Fotos oder Videos. Wählen Sie *Büroklammer > Galerie* (auf dem Android) bzw. *Plus-Zeichen > Foto- und Videomediathek* (für das iPhone).

Nachdem Sie ein Foto durch Antippen ausgewählt haben, können Sie es vor dem Versand über die Symbolleiste am oberen Bildrand bearbeiten. Die Symbole von rechts nach links:

▶ Mit dem *Stift*-Symbol fügen Sie freihändig farbige Markierungen hinzu. – auch hier lässt sich die Farbe ändern.

▶ Per *T*-Symbol fügen Sie farbigen Text ein.

▶ Das *Smiley*-Symbol fügt ein Emoji ein, das Sie anschließend mit dem Finger frei platzieren und mit der Zwei-Finger-Geste (kneifen oder spreizen) vergrößern, verkleinern und drehen können. WhatsApp für Android bietet eine Farbskala an, um das Emoji farblich an das Foto anzupassen.

▶ Über das *Zuschneiden*-Symbol können Sie das Foto drehen und in der Größe verändern.

▶ Der *geschwungene Pfeil* macht Ihre letzte Aktion wieder rückgängig.

Haben Sie ein Video ausgewählt, finden Sie unterhalb der Symbolleiste eine Vorschau, mit de-

ren Hilfe Sie das Video zuschneiden können, um nur einen Ausschnitt daraus zu verschicken. Verschieben Sie dazu die Punktmarkierungen nach links oder rechts. Nur der Bereich innerhalb der Markierung kommt später beim Empfänger an. Zudem können Sie das Video in eine GIF-Datei umwandeln. Tippen Sie dafür einfach auf *GIF*. GIF-Dateien sind normalerweise kleiner, belasten folglich Ihr Datenvolumen weniger, dafür bieten sie eine schlechtere Bildqualität.

Übrigens: Ein eigenes Video aufnehmen können Sie in dieser Option nicht. Dies geht in der Kamerafunktion von WhatsApp (siehe „Bildmaterial bearbeiten", S. 58).

Falls Sie weitere Fotos oder Videos verschicken wollen, tippen Sie einfach auf das *Galerie*-Symbol links vom Eingabefeld für die Beschriftung. Es öffnet sich die Galerie, in der Sie weitere Dateien auswählen können.

Alle zu verschickenden Dateien sehen Sie nun am unteren Bildrand. Tippen Sie auf ein Bild oder Video, um es zu bearbeiten. Das *Papierkorb*-Icon in der Symbolleiste entfernt das aktuell ausgewählte Objekt wieder.

Fügen Sie zum Schluss noch über das Textfeld am unteren Bildrand eine optionale Beschriftung hinzu. Sie können selbstverständlich jedes Foto oder Video mit einer eigenen Beschriftung versehen.

Das *Senden*-Symbol schließt die Bearbeitung ab und verschickt alles Fotos und Videos.

Kontaktinformationen per WhatsApp versenden

Wollen Sie einen Kontakt aus Ihrem Adressbuch weiterleiten, gehen Sie in den Chat der Person, an die der Kontakt gehen soll. Tippen Sie auf das *Büroklammer*-Symbol > *Kontakt*. Wählen einen (oder mehrere) Kontakte aus. Ihre Auswahl schließen Sie durch Antippen des *Pfeils* unten links (Android) bzw. auf *Fertig* (iPhone) ab. Vor dem Versand müssen Sie Ihre Auswahl erneut bestätigen.

Den eigenen aktuellen Standort senden

Wie lange dauert eigentlich „gleich", wenn jemand „Gleich da" ist? Über das *Büroklammer-*(Android) beziehungsweise *Plus*-Symbol (iPhone) können Sie Ihren aktuellen Standort teilen. Dann kann sich Ihr Gegenüber ein genaues Bild davon machen, wo Sie sind oder wie lange Sie noch brauchen.

Falls WhatsApp vorher noch nicht auf Ihren Standort zugegriffen hat, fragt die App nun nach der zugehörigen Berechtigung. Bestätigen Sie den Zugriff, damit WhatsApp den Standort ermitteln und auf einer Karte anzeigen kann.

Um den Standort mitzuteilen, müssen Sie noch auf *Aktuellen Standort senden* beziehungsweise *Eigenen Standort senden* tippen.

Der Live-Standort

Alternativ können Sie auch Ihren Live-Standort teilen. Statt Ihre Position nur einmalig für den aktuellen Ort freizugeben, aktualisiert WhatsApp die Standortinformationen kontinuierlich in der Karten-App des Empfängers.

Legen Sie fest, über welchen Zeitraum der Empfänger Ihre Bewegungen verfolgen kann und tippen Sie auf das *Senden*-Symbol, um den Live-Standort zu teilen.

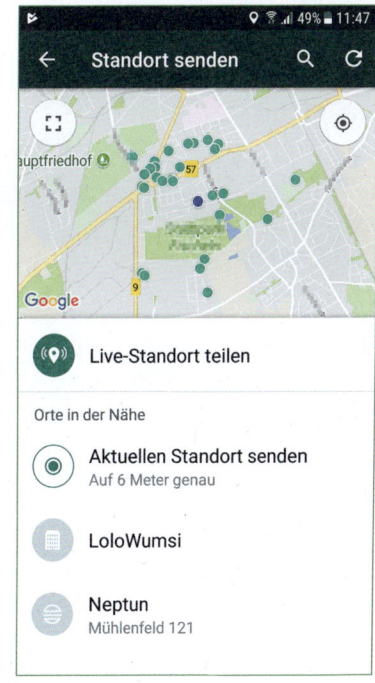

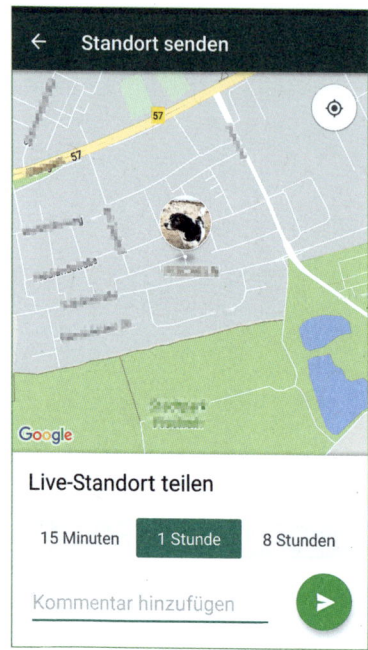

In Ihrem Chat-Verlauf können Sie anschließend sehen, bis wann Ihr Standort freigegeben ist. Tippen Sie auf *Teilen beenden*, um die Übermittlung von Positionsdaten an den ausgewählten Kontakt zu beenden.

Aus Datenschutzgründen, aber auch aus der Sicht Ihres Datenvolumens ist diese Option jedoch bedenklich.

Erhaltenen aktuellen Standort öffnen

Falls jemand seinen Standort mit Ihnen teilt, müssen Sie lediglich auf das *Kartenvorschaubild* in Ihrem Chat-Verlauf tippen. Anschließend öffnet sich die voreingestellte Kartenanwendung auf Ihrem Smartphone und zeigt Ihnen den Standort Ihres Kontakts an.

Wurde ein Live-Standort mit Ihnen geteilt, erscheint dies als Nachricht in Ihrem Chat-Verlauf. Klicken Sie auf *Live-Standort ansehen*, um Ihre Karten-App zu öffnen. Hier können Sie nun nachvollziehen, welchen Weg die Person benutzt, um ihr beispielsweise zu helfen, eine Straßensperrung zu umfahren, die eine Navigations-App nicht kennt.

Standortinformationen können Sie übrigens nicht anfordern, um jemanden zu überwachen – sie müssen stets von dem jeweiligen Kontakt für Sie freigegeben werden.

Versenden von Sprachnachrichten

Statt Textnachrichten können Sie Ihren Kontakten auch Sprachnachrichten zukommen lassen. So Audiobotschaft fühlt sich ein bisschen so an, als spräche man auf einen Anrufbeantworter. Aber sprechen geht eben schneller als tippen. Es klappt in Chats mit einem einzelnen Kontakt genauso wie im Gruppenchat.

Egal ob Sie einen neuen Chat starten oder einem vorhandenen Chat eine weitere Nachricht hinzufügen wollen, neben dem Eingabefeld wird immer ein *Mikrofon*-Symbol angezeigt.

1 Um eine Aufnahme zu starten, müssen Sie das *Mikrofon* lediglich antippen und halten.

2 Sprechen Sie nun Ihre Sprachnachricht in den unteren Teil Ihres Telefons.

3 Die Aufnahme wird beendet, sobald Sie den Finger anheben. Im gleichen Moment wird die Nachricht verschickt.

4 Auf dem iPhone können Sie alternativ das *Mikrofon*-Symbol antippen, kurz halten und dann nach oben ziehen und loslassen. Diese Geste startet ebenfalls die Aufnahme und hat den Vorteil, dass Sie das *Mikrofon*-Symbol während der Aufzeichnung nicht halten müssen. Tippen Sie auf das blaue *Senden*-Symbol, um die Aufnahme zu beenden und an den Empfänger zu verschicken.

Die Sprachnachricht erscheint nach dem Versand im Chat-Verlauf, dort können Sie sie abspielen. Es gibt keine Möglichkeit, sich die Aufnahme vor dem Versand noch einmal anzuhören.

Allerdings können Sie die Aufnahme während des Aufnehmens abbrechen und dadurch doch nicht verschicken:

▶ **Unter Android** wischen Sie mit dem noch immer gedrückten Finger vom *Mikrofon-Symbol* einfach nach links, bis das Mikrofon am linken Bildrand im *Papierkorb* verschwindet.

▶ **Auf dem iPhone** tippen Sie auf *Abbrechen*.

Ebenfalls können Sie eine bereits abgeschickte WhatsApp-Nachricht für kurz Zeit noch „zurückholen", also für alle im Chat löschen (siehe „Einzelne Nachrichten bearbeiten", S. 49).

Die Chat-Übersicht: Grundlegende Symbole

Inzwischen haben Sie schon den einen oder anderen Chat geführt und ein paar Nachrichten gesendet und erhalten. In Ihrer Chat-Übersicht sollten die ersten Chats mit Freunden und Bekannten zu finden sein.

Das WhatsApp-Startfenster mit der Chat-Übersicht ist nun gespickt mit verschiedenen kleinen Symbolen. Sie werden Ihnen immer wieder begegnen. An dieser Stelle werden sie erklärt.

Profilbilder und Namen

Die Bilder haben die jeweiligen Kontakte für sich gewählt Namen werden so angezeigt, wie Sie den Kontakt in Ihrem Adressbuch gespeichert haben.

Der Datumsstempel

Zu jedem Eintrag wird Ihnen neben dem Profilfoto und dem Namen des Kontakts auch Datum und/oder Uhrzeit der letzten Nachricht sowie eine Vorschau der letzten Nachricht angezeigt. Letzteres kann der Beginn des Nachrichtentexts sein oder der Name einer Datei, die Ihnen zugeschickt wurde.

Text und kleine Zahlen am rechten Rand

Unter dem Namen steht immer der Anfang der neuen Nachricht. Falls Sie neue Nachrichten im Chat empfangen, aber noch nicht gelesen haben, wird Ihnen in der Chat-Übersicht die Zahl der ungelesenen Nachrichten pro Chat unter Android grün angezeigt. Auch Uhrzeit oder Datum des Chats sind dann grün eingefärbt.

Auf iPhones sind die Markierungen blau und nicht grün – hier hat Apples eigene Farbgebung Vorrang.

Kleine Häkchen und die Lesebestätigung

Links neben der Vorschau werden ein oder zwei Häkchen angezeigt, falls es sich um eine von Ihnen verschickte Nachricht handelt.

▶ **Einzelnes graues Häkchen:** Bedeutet, dass die Nachricht erfolgreich versandt wurde.

▶ **Zwei graue Häkchen:** Die Nachricht hat das Telefon des Empfängers erreicht (wurde aber noch nicht gelesen).

▶ **Zwei blaue Häkchen:** Der Empfänger hat die Nachricht gelesen (oder die verschickte Datei geöffnet).

Die Ausnahme: In den Einstellungen können Sie unterbinden, dass Ihr WhatsApp eine Lesebestätigung schickt. Dann werden Ihrem Gegenüber keine blauen Häkchen mehr angezeigt (siehe „Lesebestätigung deaktivieren", S. 108).

Optionen zur Chat-Verwaltung

Außerdem bietet Ihnen WhatsApp verschiedene Optionen, um Chats zu verwalten, auf Nachrichten zu antworten oder Benachrichtigungen für bestimmte Chats zu deaktivieren. Da diese zwischen Android und iPhone jedoch recht unterschiedlich umgesetzt sind, werden sie anschließend in jeweils separaten Kapiteln besprochen.

Chats verwalten unter Android

Unter Android aktivieren Sie die Optionen, indem Sie in der Übersicht auf einen Chat tippen und halten. Anschließend öffnet sich am oberen Bildrand eine neue Symbolleiste. Zudem ist der Chat, auf den Sie getippt haben, mit einem Häkchen markiert und etwas dunkler unterlegt. Wollen Sie mehrere Chats gleichzeitig bearbeiten, tippen Sie anschließend einfach auf einen weiteren Chat, um diesen ebenfalls zu bearbeiten. In der oberen Leiste sehen Sie die Zahl der Chats, die Sie markiert haben.

Ganze Chats verwalten

Die folgenden Aktionen werden auf alle markierten Chats angewendet.

▶ Der *nach links zeigende Pfeil* am linken Bildrand beendet den Vorgang, ohne Änderungen vorzunehmen.

▶ Die *Zahl* daneben zeigt Ihnen an, wie viele Chats zur Bearbeitung ausgewählt wurden.

▶ Das *Nadel-Symbol* wiederum pinnt einen Chat beziehungsweise Kontakt in der Chat-Übersicht an – er erscheint damit immer ganz oben. Sonst ist dieser Platz stets dem Chat mit der neuesten Nachricht vorbehalten. Den Pin entfernen Sie, indem Sie den angepinnten Chat erneut antippen und halten und dann das nun *durchgestrichene PIN-Symbol* antippen.

▶ Der *Papierkorb* löscht den Chat, was nicht rückgängig gemacht werden kann. Bitte beachten Sie auch die Ausführungen zum Aufräumen von Chats auf Seite 72.

▶ Tippen Sie auf *den durchgestrichenen Lautsprecher,* um den Chat stumm zu schalten. Sie erhalten dann für den ausgewählten Zeitraum keine akustischen Signale beim Eingang neuer Nachrich-

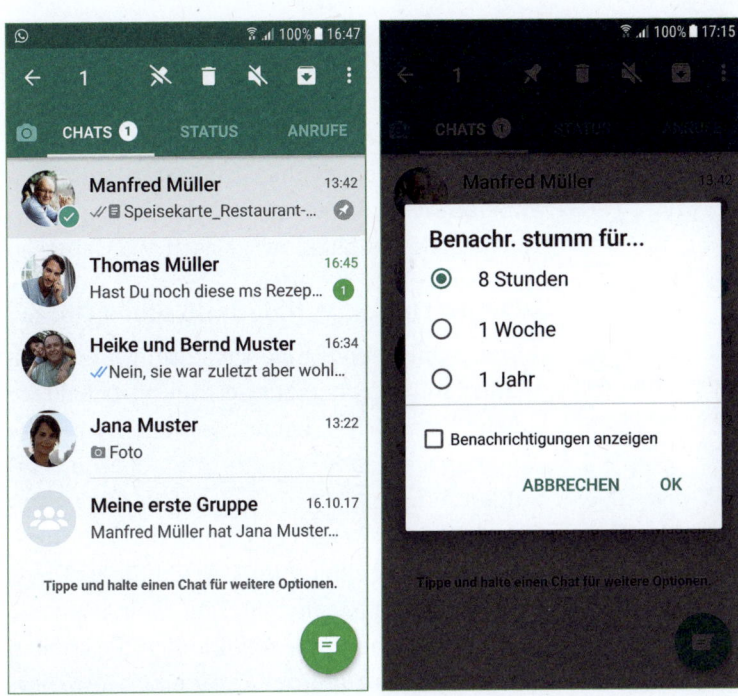

ten. Zudem können Sie festlegen, dass trotzdem Benachrichtigungen angezeigt werden, beispielsweise in Form eines Banners am oberen Bildrand. Dass ein Chat stummgeschaltet ist, erkennen Sie übrigens in der Übersicht am durchgestrichenen Lautsprecher. Tippen und halten Sie den Chat erneut, um über das nun nicht mehr durchgestrichene Lautsprechersymbol in der Symbolleiste die Benachrichtigungen wieder zu aktivieren.

▶ Das *Schachtel-Symbol mit dem Pfeil* archiviert den oder die ausgewählten Chats. Wurden einzelne Chats archiviert, findet sich am Ende der Chat-Übersicht ein entsprechender Hinweis. Tippen Sie darauf, um sich eine Liste der archivierten Chats anzeigen zu lassen. Tippen und halten Sie einen Eintrag, um die Symbolleiste einzublenden. Das *Schachtel*-Symbol – diesmal zeigt dessen Pfeil nach

oben und nicht nach unten – verschiebt den Chat vom Archiv in die Übersicht.

▶ Neben den Symbolen finden sich zudem noch *drei Punkte*, um ein Menü zu öffnen. Hierüber können Sie einen Chat an den Startbildschirm anheften, den zugehörigen Kontakt anzeigen lassen oder einen Chat als ungelesen markieren.

Weitere Optionen innerhalb eines Chats

Weitere Optionen für die Verwaltung von Nachrichten stehen Ihnen zur Verfügung, sobald Sie einen Chat geöffnet haben. Sie werden über das Menü (*drei Punkte* in der rechten oberen Ecke) aufgerufen.

Lassen Sie sich Details zu einem *Kontakt anzeigen* oder die *Medien* und Dateien dieses Chats anzeigen, oder *Suchen* Sie im Chat nach bestimmten Nachrichten oder Dateien. Sie können über das Menü außerdem – für einen festgelegten Zeitraum – die *Benachrichtigungen stummschalten* (und wieder aktivieren) sowie den *Hintergrund* des Chats ändern (siehe Seite 72).

Das Untermenü hinter der Mehr-Option

Ganz unten in diesem Menü öffnet *Mehr* ein weiteres Untermenü.

▶ **Nervt ein Kontakt,** können Sie ihn hier *blockieren*, damit dieser Sie nun nicht mehr erreichen kann.

▶ *Chatverlauf leeren* bedeutet, alle geschriebenen Nachrichten unwiederbringlich zu löschen.

▶ **Wollen Sie Chats sichern,** wählen Sie *Chat per E-Mail senden*.

▶ **Wollen Sie einen schnelleren** Zugriff auf einen oft genutzten Chat, können Sie ihn als *Verknüpfung* auf dem Startbildschirm Ihres Smartphones ablegen.

► **Chat per E-Mail senden** schließlich erstellt eine Kopie des gesamten Chats mit allen ausgetauschten Nachrichten und verschickt ihn als Dateianhang an eine E-Mail-Adresse – auf Wunsch mit oder ohne Fotos und andere Dateien, die in dem Chat enthalten sind. Denken Sie daran, dass eine E-Mail durch die angehängten Medien sehr groß werden kann und bestimmte E-Mail-Dienste auf Seiten des Absenders und/oder Empfängers Größenbeschränkungen haben.

Falls Ihre E-Mail also nicht verschickt wird oder nicht ankommt, ist sie möglicherweise einfach zu groß.

Einzelne Nachrichten bearbeiten

Sie haben auch die Möglichkeit, die Nachrichten im Chat-Verlauf durch Tippen und Halten zu bearbeiten. Wie schon in der Chat-Übersicht wird am oberen Bildrand eine Symbolleiste geöffnet. Die zur Bearbeitung ausgewählte Nachricht ist jetzt blau eingefärbt. Auch hier können Sie nur diese Nachricht bearbeiten oder noch weitere antippen, um diese ebenfalls gleichzeitig zu bearbeiten.

► Der *dünne, nach links zeigende Pfeil* verwirft Ihre Markierung(en) wieder, falls sie die falsche Nachricht angetippt haben.

► Die *Zahl* zeigt an, wie viele Nachrichten Sie markiert haben.

► Der *leicht geschwungene Pfeil nach links* erlaubt eine direkte Antwort auf eine Nachricht. Die Ausgangsnachricht wird als Zitat eingefügt. So können Sie beispielsweise auf eine ältere Nachricht Bezug nehmen. Klappt nur, wenn nur eine Nachricht markiert ist.

► Tippen Sie auf den *Stern*, um eine Nachricht als wichtig zu markieren. Im Menü der Chat-

Übersicht findet sich die Option *Mit Stern markierte*, die alle mit einem Stern markierten Nachrichten anzeigt. Den Stern können Sie natürlich auch wieder entfernen, indem Sie die Eingaben wiederholen.

▶ Ein Klick auf den *Papierkorb* löscht die ausgewählte Nachricht entweder für Sie oder für alle, sprich, auch auf dem Smartphone des Empfängers. Letzteres funktioniert allerdings nur unter bestimmten Bedingungen sowie mit gewissen Einschränkungen, die ab Seite 109 erläutert werden. Wählen Sie die gewünschte Option, um den Löschvorgang abzuschließen.

▶ Das *rechte Symbol* kopiert die Nachricht in die sogenannte Zwischenablage. Diese Funktion erlaubt es Ihnen, den Text der Nachricht in eine andere App einzufügen, beispielsweise eine E-Mail. Tippen Sie auf das *Kopieren-Symbol*, verlassen Sie WhatsApp und öffnen Sie anschließend Ihre E-Mail-App, um eine neue Nachricht zu schreiben. Tippen und halten Sie dort, wo Sie den Text der E-Mail eingeben, und wählen Sie *Einfügen*, um den Text in die E-Mail zu kopieren.

▶ Der leicht *geschwungene Pfeil nach rechts* ermöglicht es, eine Nachricht an einen anderen WhatsApp-Kontakt weiterzuleiten. Es öffnet sich das WhatsApp-Adressbuch, über das Sie wieder einen oder mehrere Kontakte auswählen können. Nach einem Tippen auf das *Senden-Symbol* wird die Nachricht weitergeleitet.

Es lassen sich natürlich nicht nur Nachrichten, sondern auch Mediendateien wie Fotos und Videos, Sprachnachrichten und Standorte weiterleiten.

Dies ist allerdings einfacher als das Weiterleiten von Nachrichten: WhatsApp zeigt Ihnen bei Medien nämlich schon im Chat-Verlauf den *geschwungenen Pfeil nach rechts* an.

Chats verwalten per iPhone

WhatsApp für iPhone bietet Ihnen zwar dieselben Optionen zum Verwalten von Chats wie Android, die Bedienung ist allerdings vollkommen anders. Für die weiteren Optionen wischen Sie hier in der Chat-Übersicht einen Chat nach links bzw. rechts.

Die Wischgesten

Wischen Sie nach rechts, um den Chat als ungelesen zu markieren oder ihn zu fixieren. Ein fixierter Chat erscheint stets oberhalb der neuesten Chats.

Ein Wisch nach links erlaubt es Ihnen, das Menü *Mehr* zu öffnen oder den Chat zu *Archivieren*. Archivierte Chats zeigt die App erst an, nachdem Sie nach oben gescrollt und anschließend den Bildschirm nach unten gezogen haben. Tippen Sie für eine Liste der archivierten Chats auf *Archivierte Chats*. Dort können Sie durch Wischen nach links die Archivierung rückgängig machen.

Sie können nicht mehrere Chats zunächst nach rechts (oder links) wischen, sondern müssen die gewünschte Option Pro Chat einzeln auswählen.

Wisch nach rechts: Das Mehr-Menü

Tippen Sie auf *Mehr* nach einem Wisch nach rechts, gelangen Sie zu einer neuen Auswahl an zusätzlichen Funktionen:

► Schalten Sie einen *Chat* für acht Stunden, eine Woche oder ein Jahr *Stumm*. Sie erhalten in dieser Zeit keinerlei Benachrichtigungen zu neuen Chat-Nachrichten von diesem Kontakt.

► Lassen Sie sich die *Kontaktinfo* des Chat-Partners anzeigen.

► *Exportieren* Sie einen Chat samt allen ausgetauschten Nachrichten. Sie können anschließend eine Kopie des Chats per SMS, E-Mail oder auch WhatsApp an eine andere Person weiterleiten oder in der Dateien-App von iOS 11 speichern. Falls der Chat Medien wie Fotos oder Videos enthält, müssen Sie noch festlegen, ob diese ebenfalls exportiert werden sollen. Denken Sie daran, dass ein Chat-Verlauf mit Fotos oder sogar Videos unter Umständen zu groß für eine E-Mail sein könnte.

► Außerdem können Sie den *Chatverlauf leeren* oder *löschen*. Leeren bedeutet, dass alle Nachrichten unwiederbringlich aus dem Chat entfernt werden, der Chat selbst aber als leerer Chat in der Übersicht erhalten bleibt. Beim Löschen werden nicht nur die Nachrichten entfernt, sondern auch der Chat aus der Übersicht getilgt. Beide Aktionen können nicht rückgängig gemacht werden.

Kontakt blockieren

Nervt Sie ein Kontakt, können Sie ihn in WhatsApp blockieren. Dann kann dieser Ihnen keine Nachrichten mehr schicken.

1 Gehen Sie dazu in WhatsApp in die *Einstellungen*.

2 Gehen Sie über die Menüfolge *Account > Datenschutz* zur Option *Blockiert*.

3 Hier können Sie den oder die zu blockierenden Kontakte auswählen (oder einen bereits blockierten Kontakt begnadigen).

Nachrichten innerhalb eines Chats verwalten

Öffnen Sie einen Chat, um die Nachrichten selbst zu verwalten. Tippen und Halten auf eine Nachricht blendet neue Funktionen ein. Wollen Sie mehrere Nachrichten gleichzeitig bearbeiten, können Sie nun noch weitere Nachrichten antippen.

▶ Mit einem Tippen auf den *Stern* können Sie wichtige Nachrichten markieren. Alle mit einem Stern markierten Nachrichten können Sie sich übrigens über die Einstellungen anzeigen lassen, indem Sie dort auf den Eintrag *Mit Stern markierte* tippen.

▶ Wenn Sie eine *Antwort* direkt auf eine Nachricht schreiben wollen, wird der Text der Ausgangsnachricht zusammen mit der neuen Nachricht an den Chat-Partner geschickt.

▶ *Weiterleiten* wiederum verschickt die ausgewählte Nachricht an einen anderen Kontakt. Sie können auch noch weitere Nachrichten

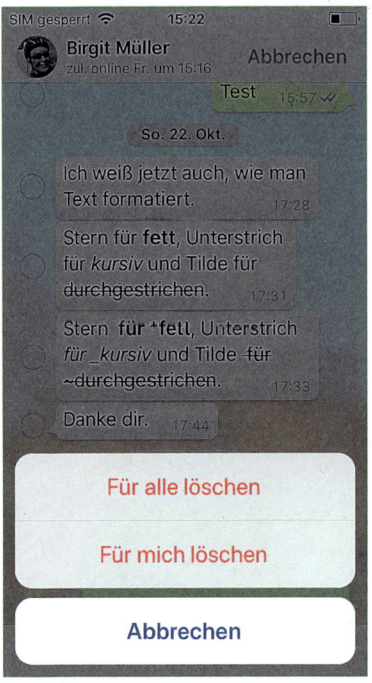

durch Antippen auswählen und entweder über den nach rechts gerichteten Pfeil in der linken unteren Ecke an einen oder mehrere Whats-App-Kontakte verschicken oder über das *Teilen*-Symbol von iOS auch per SMS oder als E-Mail an eine andere Person senden.

► Tippen Sie auf den *Pfeil* neben *Weiterleiten* für weitere Features.

► *Kopieren* erlaubt es Ihnen, den Text einer Nachricht oder eine Mediendatei in die Zwischenablage zu kopieren und von dort aus in eine andere App einzufügen.

► *Löschen* wiederum entfernt die Nachricht unwiderruflich aus dem Chat-Verlauf, wobei Sie zwei Optionen haben: Sie können die Nachricht nur auf Ihrem iPhone löschen oder auch auf dem Smartphone des Empfängers. Letzteres funktioniert allerdings nur unter bestimmten Bedingungen, die ab Seite 109 erläutert werden.

Telefonieren mit WhatsApp

Eine Funktion, die WhatsApp von der Konkurrenz übernommen hat, ist die Internettelefonie. Möglich ist es als reines Gespräch oder wahlweise auch mit Videoübertragung.

Der interessanteste Aspekt an dieser Funktion: Sie können mit Ihren WhatsApp-Kontakten telefonieren, ohne das Gesprächsguthaben Ihres Mobilfunkvertrags zu belasten. Falls Sie nicht mit einem WLAN verbunden sind, geht ein Anruf allerdings zulasten Ihres Datenvolumens. Ohne WLAN-Verbindung ist Ihr Vertrag also das entscheidende Kriterium, ob Sie per WhatsApp oder über das Netz Ihres Mobilfunkanbieters günstiger telefonieren.

(Video-)Telefonie um die ganze Welt

Diese Art der Telefonie hat noch einen entscheidenden Vorteil: Selbst ins Ausland kosten Gespräche und Videoanrufe nichts außer ein paar Bits und Bytes.

So tätigen Sie Ihren ersten (Video-)Anruf:

1 Wechseln Sie in der Startansicht der App zum Tab *Anrufe*.

2 Wie schon bei den Chats finden Sie auf Ihrem iPhone oben rechts das *Plus*-Symbol und auf Ihrem Android-Smartphone unten rechts ein *grünes Icon*, um einen Anruf zu starten.

3 Zuerst öffnet sich das WhatsApp-Adressbuch. Tippen Sie nun auf das *Hörer*-Symbol, um einen Sprachanruf zu tätigen, oder auf das *Video*-Symbol, um ein Videotelefonat zu führen. Während Sie auf den Gesprächspartner warten oder mit ihm telefonieren, haben Sie folgende Optionen:

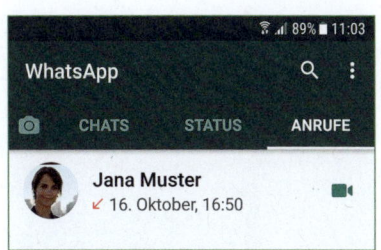

▶ Tippen Sie auf das *rote Hörer*-Symbol, um das Gespräch zu beenden.

▶ Über das *Lautsprecher*-Symbol unten links aktivieren Sie die Laut-hören-Funktion. Ein erneutes Tippen auf das Symbol schaltet die Tonausgabe wieder auf den Hörer um.

▶ Wenn Sie das *Mikrofon* ausschalten wollen, müssen Sie unten rechts auf das entsprechende (durchgestrichene) Symbol tippen. Auch hier schaltet ein erneutes Tippen das Mikrofon wieder ein.

▶ Bei einem *Videoanruf* stehen Ihnen dieselben Bedienelemente zur Verfügung – mit einer Ausnahme: Statt des Lautsprecher-Symbols sehen Sie ein *Kamera*-Symbol, mit dem Sie zwischen der Frontkamera und der rückwärtigen Kamera umschalten können.

Wichtig zu wissen: Der Empfänger eines Videotelefonats sieht das Live-Bild des Anrufer von dessen Handy-Frontkamera bereits, während das Telefon noch klingelt – also schon bevor er das Gespräch annimmt. Der Anrufer sieht das Live-Kamerabild des Empfängers allerdings erst, wenn die Verbindung zustande gekommen ist.

Eingehenden (Video-)Anruf annehmen oder ablehnen

Einen eingehenden Sprach- oder Videoanruf nehmen Sie durch Wischen des Anrufsymbols nach oben an. Sie können den Anruf natürlich auch ablehnen, indem Sie auf das *rote Hörer*-Symbol tippen – oder es klingeln lassen, bis der andere auflegt.

Alternativ können Sie über das kleine *Sprechblasen*-Symbol rechts eine Nachricht schicken, um beispielsweise zu erklären, dass ein Anruf gerade ungelegen kommt. Letzteres ist auf dem iPhone allerdings nur bei einem Videoanruf möglich – bei Sprachanrufen bietet WhatsApp hier einen Chat nicht als Alternative an.

Die WhatsApp-Kamerafunktion

Kameras in Smartphones werden immer besser – kein Wunder also, dass immer mehr Smartphone-Besitzer sehr gern fotografieren oder ganze Videos aufnehmen.

WhatsApp springt auf diesen Zug mit auf: So können Sie nicht nur bereits auf Ihrem Gerät gespeicherte Fotos und Videos an Ihre WhatsApp-Kontakte verschicken, sondern auch einen speziellen oder aktuellen Moment im Bild festhalten und teilen – direkt aus WhatsApp heraus.

Fotos und Videos in WhatsApp aufnehmen

Wenn Sie in einem Chat mit einer Person sind oder in einem Gruppenchat, sehen Sie neben dem Eingabefeld ein *Fotoapparat*-Symbol. Bei Android ist es stark stilisiert. Tippen Sie darauf.

Die Oberfläche der Kamerafunktion bietet Ihnen verschiedene Optionen.

▶ **Tippen Sie auf den kreisrunden Auslöser**, um ein Foto aufzunehmen.

▶ **Tippen und halten Sie den Auslöser**, um ein Video aufzu-
zeichnen. Die Aufzeichnung wird beendet, sobald Sie den Auslöser
wieder loslassen. Je nach Smartphone lassen sich auch bestimmte
Tasten am Gehäuse als Auslöser verwenden: beim iPhone kann mit
den Lautstärketasten fotografiert werden, beim Galaxy S7 unter-
scheiden die Lautstärketasten sogar zwischen kurzem Drücken und
Halten, also zwischen Foto und Video.

Foto- und Videomaterial bearbeiten

Ihre Aufnahme, egal ob Foto oder Video, können Sie anschließend
bearbeiten. Es stehen Ihnen die bereits auf Seite 39 beim Versand

von Fotos und Videos aus der Bibliothek beschriebenen Optionen zur Verfügung. Hinzu kommen noch Filter für Fotos, die Sie durch eine Wischgeste von unten nach oben einblenden. Auch eine Beschriftung kann hinzugefügt werden.

Die Filter bei WhatsApp sind natürlich nur rudimentär. Sie sind ausreichend für einen schnellen Schnappschuss, können und wollen aber nicht mit einer App oder einem Programm mithalten, das speziell für Fotobearbeitung konzipiert wurde.

Bei einem aufgenommenen Video sehen Sie neben der Möglichkeit zur Beschriftung zusätzlich den Filmstreifen am oberen Rand.

Auch diesen können sie rudimentär bearbeiten: Verschieben Sie die Ränder des Filmstreifens, um Start- und Endpunkt des Videos festzulegen. Oben links (*00:06*) sehen Sie die aktuelle Länge des Videos. Das kleine *Kamera*-Symbol oben rechts verwendet die Aufnahme als Film, über das *Play*-Symbol sehen Sie die Vorschau.

GIF erstellt dagegen eine Datei, die ihren Videoinhalt automatisch immer und immer wieder abspielt. Die *GIF*-Option ist nur bis zu einer bestimmten Videolänge möglich – beschneiden Sie die Länge des Films notfalls.

Fotos und Videos verschicken oder abbrechen

Tippen Sie auf das *Senden*-Symbol, um das Foto oder Video an den Kontakt zu verschicken.

Sind Sie sich unsicher und wollen das Foto oder Video noch nicht verschicken, gehen Sie einfach über den *Pfeil zurück* oben links in den Chat zurück, ohne etwas verschickt zu haben.

Die Teilen-Funktion: Dateien per WhatsApp verschicken

„Teilen" ist das neue Herumzeigen. Legten die Männer in der alten Sparkassenwerbung protzig Ihre Fotos auf den Tisch – „Mein Haus, mein Auto, mein Boot!" – würden sie heute die *Teilen*-Funktion verwenden.

Geteilt werden kann sowohl aus WhatsApp heraus als auch aus dem Internet in die App hinein. Denn fast jede App, mittlerweile sogar viele Webseiten, haben eine *Teilen*-Funktion, erkennbar am Symbol mit den *drei miteinander verbundenen Punkten*.

Übrigens: Sie können nicht nur per WhatsApp teilen. Tippen Sie auf das *Teilen*-Symbol, um die verschiedensten Dienste zum „Herumzeigen" auszuwählen – von SMS bis Bluetooth – je nach Menge der Apps, die Sie sonst noch installiert haben.

Teilen aus WhatsApp heraus

Innerhalb eines Chats finden Sie neben dem Feld, in das Sie eine Nachricht eintippen, ein *Büroklammer*-Symbol (bei Android) bzw. ein *Plus*-Zeichen. (auf dem iPhone). Gehen Sie nun vor, wie im Kapitel „Verschicken von Dateien" beschrieben (S. 37).

Aus einer anderen App heraus teilen

Wenn Sie sich beispielsweise ein Foto in Ihrer Galerie anschauen, können Sie direkt auf das *Teilen*-Symbol tippen, um dieses Bild per WhatsApp zu verschicken. Es ist nicht erforderlich, die Galerie zu verlassen, WhatsApp zu öffnen und von dort aus das Foto wieder zu suchen.

Danach ist der Ablauf so, wie Sie ihn bereits kennen:

1 Einen oder mehrere Kontakte auswählen.

2 Falls gewünscht, das Bild oder Video bearbeiten und beschriften.

3 Auf das *Häkchen* (Android) bzw. auf *Senden* (iPhone) tippen.

Sie können auf diese Weise nicht nur Fotos oder Videos aus Ihrer Sammlung teilen, sondern Informationen und Dateien aus nahezu allen Apps heraus, die diese Funktion unterstützen. Das kann das Adressbuch Ihres Smartphones sein, der Musik-Player oder Apps von Diensten wie OneDrive und iCloud.

Denken Sie daran, dass die Funktion je nach App eine andere Bezeichnung haben kann. Wenn Sie beispielsweise eine auf Google Drive gespeicherte Datei öffnen, müssen Sie im Menü (*drei Punkte* oben rechts) auf *Kopie senden* tippen, um die Teilen-Funktion zu aktivieren.

Falls Sie die Office-Apps von Microsoft (Word, Excel, PowerPoint) auf Ihrem Smartphone einsetzen, müssen Sie ein geöffnetes Doku-

ment freigeben. Dann steht als Option auch *Als Anlage teilen* zur Verfügung, was Sie schließlich zu WhatsApp führt.

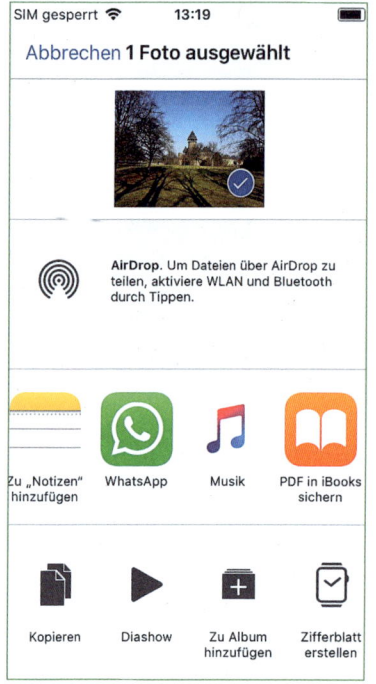

Teilen von Webseiten

Safari, der Browser von Apple, der auch auf Ihrem Phone läuft, macht es Ihnen sehr leicht, falls Sie einen Link per WhatsApp verschicken wollen. Rufen Sie einfach die gewünschte Website auf und tippen Sie in der Symbolleiste am unteren Bildrand auf das *Teilen-Symbol* von iOS.

In Chrome für Android findet sich die Teilen-Funktion im Menü (*drei Punkte* oben rechts). Nutzen Sie auf einem Galaxy-Smartphone von Samsung indes den mitgelieferten Browser namens Internet, verbirgt sich der direkte Zugriff auf WhatsApp im Menü hinter dem Befehl *Senden*.

Direktes Teilen von Dateien

Sowohl auf Ihrem iPhone als auch auf dem Android-Smartphone können Sie außerdem alles, was in der Ordnerstruktur der Dateien-App angezeigt wird, per WhatsApp teilen.

Übersicht über Ihre Kontakte

Im Gegensatz zur Chat-Übersicht, in der Sie immer diejenigen Chats ganz oben finden, mit denen Sie zuletzt kommuniziert haben (einmal abgesehen von denen, die Sie angepinnt haben), können Sie sich auch eine alphabetische Liste all Ihrer Kontakte anzeigen lassen.

Denn da WhatsApp ganz zu Beginn Ihr Telefonbuch auslesen durfte, hat die App für Sie gleich eine Liste erstellt, die all diejenigen
Kontakte aus Ihrem Adressbuch auflistet, die ebenfalls WhatsApp
verwenden.

Adressbuch anzeigen

Dieses Adressbuch können Sie sich anzeigen lassen, indem Sie auf
das *Symbol für neue Nachrichten* tippen – die grüne Blase unten
rechts (Android), bzw. das Stift-Symbol (iphone).

Es bietet Ihnen aber nicht nur eine Übersicht Ihrer Kontakte, son-
dern auch die Möglichkeit, einen neuen Kontakt anzulegen, eine
Gruppe einzurichten (dazu mehr ab Seite 65) und Freunde zu
WhatsApp einzuladen.

Kontakt per WhatsApp in das Adressbuch aufnehmen

Einmal in der Kontakte-Übersicht, tippen Sie unter Android auf das
Person-Plus-Symbol oben rechts. Auf Ihrem iPhone tippen Sie auf
Neuer Kontakt, um eine Person zum Adressbuch hinzuzufügen.

Freunde einladen

Scrollen Sie in der Kontakte-Übersicht ganz nach
unten, um *Freunde einzuladen*, die noch nicht
bei WhatsApp sind. Sie können ihnen eine Einladung per E-Mail, SMS oder Apps wie Facebook
oder auch andere Messenger wie Skype schicken.
Wenn Sie jemanden beispielsweise per E-Mail
einladen, öffnet WhatsApp eine neue E-Mail mit
einem vorgefertigten Text, der unter anderem
einen Link zur WhatsApp-Website enthält. Sie
müssen nur noch eine E-Mail-Adresse eintragen
und auf *Senden* tippen, um die Einladung zu
verschicken.

Kontaktinformationen anzeigen lassen

Detaillierte Kontaktinformationen erhalten Sie, indem Sie auf Ihrem Android-Smartphone in der Chat-Übersicht auf das *Profilfoto* eines Kontakts tippen und anschließend auf das *kleine i* für mehr Informationen.

Auf Ihrem iPhone öffnen Sie dafür den Chat und tippen dann am oberen Bildrand auf den Namen des Kontakts.

Es werden Ihnen nun alle Informationen zu diesem Kontakt angezeigt, angefangen beim Profilbild über gemeinsame Gruppen bis hin zu den Medien, die Ihnen dieser Kontakt geschickt hat.

Individuelle Benachrichtigungstöne für Kontakte einrichten

Zudem können Sie einer Person eigene Benachrichtigungstöne zuordnen – so erkennen Sie schon am Klingeln, wer Sie kontaktiert.

Tippen Sie dafür unter Android auf *Eigene Benachrichtigungen* und auf einem iPhone auf *Eigene Töne* und wählen Sie einen Ton aus.

Android bietet hier zusätzliche Optionen: Sie können auch das Vibrationsmuster ändern und festlegen, ob Sie per Pop-up über neue Nachrichten dieses Kontakts informiert werden. Zudem unterscheidet Android zwischen Benachrichtigungen für Chats und Benachrichtigungen für Anrufe. Was es mit dem Punkt *Verschlüsselung* auf sich hat, erfahren Sie im dritten Kapitel ab Seite 83.

Kontakte blockieren

Außerdem können Sie in den Kontaktinfos eine Person auch *blockieren*. Für diese Option müssen Sie ganz nach unten scrollen. Ein blockierter Kontakt kann Ihnen keinerlei Nachrichten schicken.

Sollte Ihnen ein Kontakt unerwünschte Nachrichten geschickt haben, können Sie den Kontakt sogar an WhatsApp als *Spam melden*. Das geht noch eine Stufe weiter als blockieren:

WhatsApp kann solche Nutzer generell von seinem Dienst ausschließen, was letztlich zur Sperrung der Mobilfunknummer der Person führt. Mit einer neuen Telefonnummer könnte sich die Person allerdings wieder anmelden.

Die Gruppenchat-Funktionen

WhatsApp bietet Ihnen auch die Möglichkeit, mit einer Gruppe von Personen in Kontakt zu bleiben. Sei es, dass Sie eine Überraschung für ein Familienmitglied oder einen Freund vorbereiten, einen Ausflug planen oder den Aktivitäten eines Vereins folgen wollen – WhatsApp-Gruppen sind ein ideales Kommunikationsmittel für Menschen mit gemeinsamen Interessen.

Die Gruppenfunktion beschränkt sich allerdings auf Chats, sprich Textnachrichten, und den Versand von Sprachnachrichten, Fotos, Videos und Dateien.

Gruppentelefonate oder gar Videokonferenzen mit mehr als zwei Personen sind nicht möglich. Wer solche Funktionen sucht, sollte einen Blick auf Seite 117 werfen. Dort werden „Alternativen zu WhatsApp" behandelt.

Einen Gruppenchat erstellen

Beginnen Sie damit, eine Gruppe einzurichten.

1 Da wie gesagt nur Gruppenchats möglich sind, müssen Sie also den Tab *Chats* aufrufen.

2 Auf Ihrem iPhone sehen Sie bereits oberhalb der Chat-Übersicht den Button *Neue Gruppe* – unter Android versteckt sich dieser im Menü (*drei Punkte* oben rechts). Nach einem Tippen auf *Neue Gruppe* öffnet sich das Adressbuch, aus dem Sie bis zu 256 Mitglieder für die Gruppe auswählen können.

3 Danach tippen Sie auf *Weiter* (iPhone) oder den *grünen Pfeil* (Android), um im nachfolgenden Dialog der Gruppe einen Namen zu geben (bis zu 25 Zeichen) und ein Profilfoto festzulegen.

4 Die Einrichtung der Gruppe schließen Sie, indem Sie auf *Erstellen* (iPhone) oder das *grüne Häkchen* (Android) tippen, ab.

Anschließend öffnet WhatsApp direkt den Gruppenchat, der Ihnen sehr vertraut vorkommen sollte. Die einzigen direkten Hinweise darauf, dass Sie nun Nachrichten an mehrere Personen gleichzeitig verschicken, sind die Namen der Gruppenmitglieder, die am oberen Bildschirmrand unterhalb des Gruppennamens angezeigt werden, sowie der Hinweis, dass *Nachrichten an diese Gruppe* verschlüsselt sind.

Die Bedienung innerhalb des Gruppenchats

Alle weiteren Chat-Funktionen können Sie genauso nutzen, wie Sie sie bereits kennengelernt haben: Schreiben Sie eine Nachricht, fügen Sie über das *Smiley-Symbol* Emojis oder über die *Briefklammer* beziehungsweise das *Plus-Zeichen* Dateien ein, oder starten Sie die *Kamera* oder eine *Sprachaufnahme*.

Ein Tippen auf den Namen der Gruppe im Kopf des Chat-Fensters führt Sie zu den Gruppeninfos. Wie bei den Kontaktinfos gewohnt, sind hier alle Details zusammengefasst. Sie können also sehen, wer zu der Gruppe gehört, wer ihr Administrator ist, welche Fotos und Videos bereits innerhalb der Gruppe ausgetauscht wurden, und Sie können hier auch eigene Benachrichtigungstöne für die Gruppe festlegen.

Außerdem können Sie (als Gruppenadmin) neue Mitglieder hinzufügen, Personen per Link einladen, die Gruppe verlassen oder sie als Spam melden.

Hinzufügen können Sie übrigens nur Personen, die bereits in Ihrem Adressbuch enthalten sind. Personen, mit denen Sie sich bis-

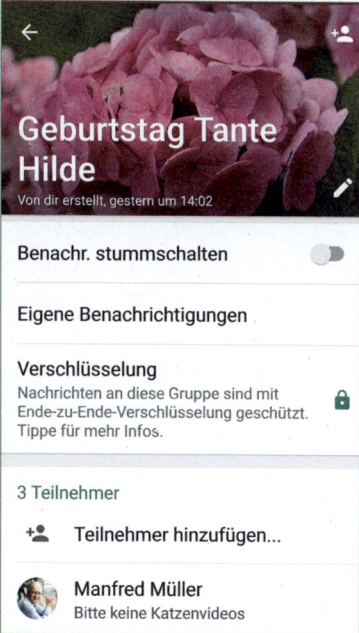

her nicht per WhatsApp verbunden haben, können Sie lediglich über einen Link einladen, der sich per WhatsApp oder andere Apps wie E-Mail verschicken lässt.

Eingeladene Personen müssen also der Einladung zustimmen, damit sie an der Gruppenkommunikation teilnehmen können. Hinzugefügte Personen werden automatisch zu Gruppenmitgliedern – sie erhalten lediglich eine Benachrichtigung und müssen, falls sie der Gruppe nicht angehören wollen, explizit wieder austreten.

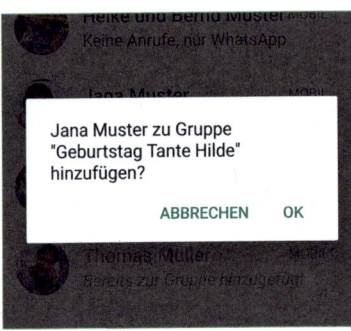

Der Gruppenadmin – Sonderrechte innerhalb der Gruppe

Sie haben es in der Gruppeninfo sicher schon bemerkt: Derjenige, der die Gruppe erstellt hat, ist der *Gruppenadmin*. Sollte der Ersteller der Gruppe diese verlassen, macht WhatsApp ein anderes Mitglied per Zufallsprinzip zum Administrator. So gibt es in jeder Gruppe also immer mindestens einen Gruppenadmin.

Dieser Administrator hat spezielle Rechte innerhalb der Gruppe: Nur er kann etwa neue Teilnehmer der Gruppe hinzufügen. Zudem kann nur er Personen aus der Gruppe entfernen – sowie andere Personen ebenfalls zum Gruppenadministrator machen. Dann erhalten auch diese Personen die entsprechenden Rechte.

All diese Funktionen erreichen Sie so:

1 Gehen Sie in die *Gruppeninfos*.

2 Scrollen Sie herunter zu den Kontakten und tippen Sie länger auf den gewünschten Kontakt.

3 Wählen Sie im auftauchenden Menü aus, was Sie mit dem Kontakt machen möchten.

Unter Android erlaubt das sich dann öffnende Menü zudem, Nachrichten an den Kontakt zu verschicken, seine Kontaktinfos anzuzei-

gen oder die Sicherheitsnummer zu bestätigen. Letzteres wird ab Seite 85 genau beschrieben. Auf dem iPhone finden sich in diesem Menü zusätzlich Einträge für Sprach- und Videoanrufe.

Einzelne Mitglieder innerhalb einer Gruppe ansprechen

Alle Nachrichten, Fotos, Videos und Dateien, die in einem Gruppenchat erstellt werden, gehen immer automatisch an alle Mitglieder. Es ist aber möglich, einzelne Mitglieder gezielt anzusprechen. Sie werden zudem gesondert darüber informiert, dass sie in einem Gruppenchat angesprochen wurden. Unter anderem erhält die erwähnte Person auch dann eine Benachrichti-

gung, falls sie die Gruppe stumm geschaltet hat. Dafür gehen Sie wie folgt vor:

1 Öffnen Sie den Gruppenchat und tippen Sie in das Eingabefeld, um die Tastatur einzublenden. Lassen Sie sich die Sonderzeichen anzeigen und wählen Sie das *@-Zeichen*.

2 Es öffnet sich ein Pop-up-Fenster mit den Namen der Gruppenmitglieder.

3 Wählen Sie einen Namen aus, der dann in das Eingabefeld eingefügt wird.

4 Um eine weitere Person direkt anzusprechen, geben Sie erneut @ ein und wählen einen weiteren Namen.

5 Tippen Sie nun den Text Ihrer Nachricht. Sie können eine Person übrigens an jeder beliebigen Stelle im Text Ihrer Nachricht erwähnen.

6 Tippen Sie wie gewohnt auf das *Senden*-Symbol, um die Nachricht abzuschicken. Die Nachricht erscheint selbstverständlich im Chat-Verlauf aller Gruppenmitglieder. Die Erwähnung bedeutet nur, dass der Angesprochene gesondert informiert wird.

Mehrere Gruppenchats in der Chat-Übersicht verwalten

Darüber hinaus können Sie selbstverständlich eine Gruppe auch oben in Ihrer Chat-Übersicht anheften, deren Benachrichtigungen stumm schalten oder die Chats der Gruppe archivieren.

Die zugehörige Symbolleiste blenden Sie unter Android, wie bei „normalen" Chats auch, durch Tippen und Halten auf den Eintrag der Gruppe in der Chat-Übersicht ein.

Auf dem iPhone müssen Sie für diese Funktionen wie gewohnt über den Eintrag nach links oder rechts wischen.

Aus einer Gruppe austreten

Jeder kann aus einer Gruppe austreten – auch derjenige, der sie ursprünglich gegründet hat. Wie eben beschrieben, geht sein Gruppenadmin-Status in diesem Fall per Zufallsprinzip auf ein anderes Mitglied über.

Wollen Sie einer Gruppe nicht mehr angehören, müssen Sie die Gruppeninfos aufrufen und auf *Gruppe verlassen* tippen. Danach bittet WhatsApp Sie, Ihre Entscheidung noch einmal zu bestätigen. Zudem bietet die App Ihnen an, die Gruppe stattdessen nur stumm zu schalten.

Die Gruppe befindet sich nun weiterhin in Ihrer Chat-Übersicht. Sie haben noch immer Zugriff auf alle Nachrichten, die die Gruppe während Ihrer Mitgliedschaft ausgetauscht hat, sehen aber keine der Nachrichten, die seit Ihrem Austritt ausgetauscht wurden.

Archivieren oder löschen – Gruppe endgültig aus der Chat-Übersicht entfernen

Wollen Sie die Gruppe gar nicht mehr in der Übersicht haben, können Sie den gesamten Gruppen-Eintrag archivieren oder löschen:

▶ **Unter Android** tippen und halten Sie den Eintrag. Wählen Sie die *Schachtel mit nach unten gerichtetem Pfeil*, um den Chat zu archivieren. Ein Tippen auf das *Papierkorb*-Symbol löscht die Gruppe.

▶ **Auf dem iPhone** wischen Sie über den Gruppennamen nach links und tippen auf *Mehr* und *Archivieren* bzw. *Löschen*.

Der Zugang zu Ihrem „Archiv" ist ganz unten, am unteren Ende Ihrer Chat-Übersicht. Hier stört der Eintrag nicht – vielleicht wollen Sie später doch noch einmal reinlesen? Falls nicht, löschen Sie die Gruppe permanent. Zudem können Sie festlegen, ob Sie die Medien der Gruppe behalten oder ebenfalls löschen möchten.

WhatsApp personalisieren

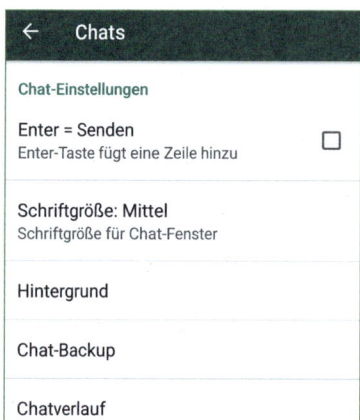

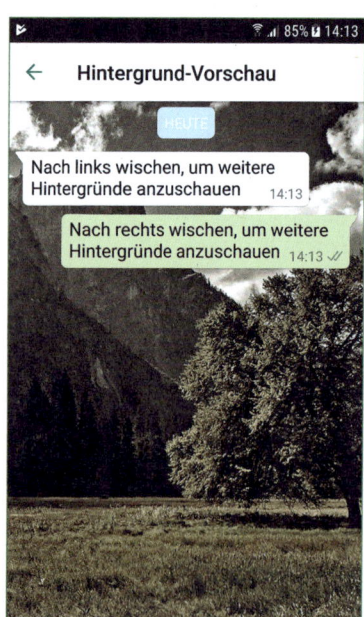

WhatsApp bietet verschiedene Optionen, um die Chat-Funktion unter anderem an persönliche Vorlieben anzupassen. Sie finden sich in den *Einstellungen* unter dem Punkt *Chats*.

Eigenes Hintergrundbild in Chats auswählen

Eine individuelle Note verleihen Sie WhatsApp durch ein eigenes Hintergrundbild im Chat-Verlauf. Sie finden die Option in WhatsApp unter *Einstellungen > Chats > Hintergrund*.

Hier können Sie zwischen einem einfarbigen Hintergrund, einem Foto aus Ihrer Galerie oder von WhatsApp mitgelieferten Hintergrundbildern wählen. Letztere müssen Sie unter Android allerdings zuerst über den Play Store herunterladen. Ein neues Hintergrundbild präsentiert Ihnen die App zuerst in einer Vorschau.

Zwischen den WhatsApp-eigenen Hintergrundbildern können Sie durch Wischgesten nach links oder rechts in der Vorschau blättern. Bilder aus der Galerie können per Ziehgeste vergrößert oder der Bildausschnitt verändert werden. Alternativ können Sie aber auch das Hintergrundbild auf den Standard zurücksetzen.

Chats archivieren oder löschen

Außerdem steht es Ihnen offen, in der Chat-Übersicht aufzuräumen und alte Chats nicht mehr anzeigen zu lassen:

▶ Wählen Sie *Alle Chats archivieren*, um den Chat-Verlauf zu leeren, ohne dass Chats gelöscht werden. Das *Archiv* können Sie sich zwar nicht anzeigen lassen, doch lässt sich die Archivierung jederzeit wieder rückgängig machen, wodurch die archivierten Chats wieder bei jedem Kontakt im Chat-Verlauf auftauchen.

▶ Wollen Sie alle Nachrichten aus den Chats löschen, tippen Sie auf *Alle Chats leeren*. Dann behalten Sie die einzelnen Chats – und sehen in WhatsApp weiterhin, mit wem Sie zuletzt Nachrichten ausgetauscht haben –, aber eben die Nachrichten selbst nicht mehr.

▶ *Alle Chats löschen* wiederum ist die Option, mit der Sie alle Chats vollständig entfernen. Anschließend präsentiert sich der Tab *Chats* so, als hätten Sie die App erstmalig gestartet: ohne jegliche Einträge.

Beachten Sie, dass sich das Leeren und Löschen der Chats nicht rückgängig machen lässt. Das gilt vor allem für iPhones. Bei Android-Geräten gibt es einen Trick, der auf Seite 113 erklärt wird.

Weitere Anpassungen für Android und iPhone

Android hält unter *Einstellungen* > *Chats* zwei Optionen bereit, die WhatsApp auf dem iPhone nicht bietet. Zum einen können Sie hier festlegen, ob die Enter-Taste auf der Tastatur die eingegebene Nachricht sendet oder eine neue Zeile hinzufügt. Voreingestellt ist das Senden. Zum anderen können Sie hier die Schriftgröße im Chat-Fenster anpassen. Zur Verfügung stehen die Optionen *Klein*, *Mittel* und *Groß*.

Die iPhone-Version wiederum erlaubt es in den *Einstellungen*, Fotos und Videos nicht automatisch in den eigenen Aufnahmen des iPhones zu speichern. Ab Werk ist diese Funktion jedoch aktiviert. Wenn Sie sie deaktivieren, sehen Sie per WhatsApp erhaltene Videos und Fotos nur in der App – andernfalls auch in der Foto-Mediathek.

Ein Backup von WhatsApp erstellen

WhatsApp verfügt aber auch über eine Backup-Funktion, um alle Daten zu sichern. Ab Werk speichert die App Ihren Chat-Verlauf lokal auf Ihrem Smartphone. Mehr Sicherheit verspricht ein Cloud-Backup, das unter Android per Google Drive und auf dem iPhone per Apple iCloud realisiert wird. Mehr dazu finden Sie im Kapitel Datenschutz und Sicherheit ab Seite 82.

Zusatzfunktionen

Der Funktionsumfang von WhatsApp deckt auch besondere Bedürfnisse von Nutzern ab – idealerweise soll niemand etwas vermissen und dadurch auf die Idee kommen, zu einer anderen App zu wechseln. Ob Sie diese Funktionen nutzen, bleibt selbstverständlich Ihnen überlassen.

Dateien während eines Anrufs versenden

Eines dieser Specials ist beispielsweise, dass Sie während eines Sprachtelefonats eine Datei oder ein Foto verschicken können. Diese Option steht dem Anrufer und natürlich auch dem Angerufenen zur Verfügung.

1 Tippen Sie auf das *Nachrichten*-Symbol.

2 Es öffnet sich das Ihnen bekannte Chat-Fenster.

3 Klicken Sie nun auf die *Briefklammer* oder das *Plus*-Zeichen, um eine Datei oder ein Foto auszuwählen.

4 Tippen Sie auf die *Kamera*, um ein Bild aufzunehmen.

5 Der Empfänger wird nun während des Telefonats über den Eingang Ihrer Nachricht oder Ihres Fotos informiert und kann sich Nachricht oder Foto im Chat-Verlauf ansehen.

6 Ein Tippen auf den *hellgrünen Balken* am oberen Bildrand des Chat-Verlaufs bringt Sie zurück zum laufenden Anruf.

7 Wenn Sie sich erneut die Nachricht oder die Datei während des Anrufs anschauen wollen, tippen Sie einfach abermals auf das *Nachrichten-Symbol*, um zum Chat-Verlauf zu wechseln.

Formatierung von Texten

Es gibt aber auch Optionen für die Formatierung von Texten, die die App Ihnen nicht direkt anbietet:

▶ Um einen Text **fett** zu schreiben, fügen Sie vor und nach dem Text einen Stern * ein.

▶ Für einen Text in *_kursiv_* fügen Sie vor und nach dem Text einen Unterstrich _ ein.

▶ Sie können Text aber auch *~durchstreichen~*. Dafür wählen Sie davor und danach das wellenförmige, als Tilde bezeichnete Zeichen ~.

Wie Sie die Sonderzeichen aufrufen, ist von der verwendeten Tastatur-App abhängig. Auf Ihrer iPhone-Tastatur müssen Sie unten links auf *123* tippen und anschließend auf *#+=*. Nun sehen Sie das Sternchen in der obersten, den Unterstrich in der mittleren Zeile ganz links und die Tilde drei Zeichen rechts vom Unterstrich.

Auf einem Android-Smartphone von Samsung gelangen Sie über die *Smiley*-Taste zu den Sonderzeichen. Hier finden Sie den *Unterstrich* in der oberen und den *Stern* in der mittleren Zeichenreihe. Um an die *Tilde* zu gelangen, müssen Sie links unten auf *1/2* tippen, wodurch weitere Sonderzeichen eingeblendet werden.

Bei Android-Smartphones, die nicht von Samsung sind, verstecken sich die Sonderzeichen meist hinter der *?123*-Taste links unten und der anschließend eingeblendeten *=\<*-Taste, ebenfalls links unten.

Statusmeldungen als Text

Statusmeldungen können Texte, Fotos, Videos und GIFs enthalten. Sie werden aber nicht an einen speziellen Kontakt, sondern an alle WhatsApp-Kontakte geschickt. Allerdings ist es möglich, die Statusmeldungen über die Datenschutzeinstellungen auf bestimmte Personen oder einen Personenkreis zu beschränken (siehe „Status", S. 106).

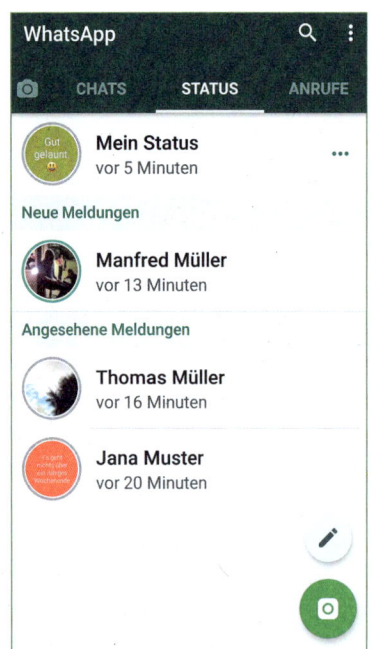

Im Tab *Status* sehen Sie alle Statusmeldungen – Ihre eigenen und die Ihrer Kontakte. So erstellen Sie eine neue Statusmeldung:

1 Tippen Sie auf das *Stift*-Symbol, um einen Text als Status-Update zu verfassen.

2 Geben Sie nun einen kurzen Text ein.

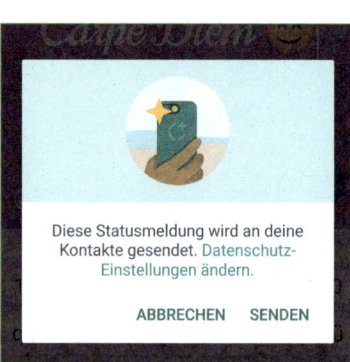

3 Über das *Smiley*-Symbol können Sie ein Emoji hinzufügen.

4 Tippen Sie auf das *T*-Symbol, um die Schriftart zu verändern.

5 Ein Tippen auf die *Farbpalette* ändert die Hintergrundfarbe. Sie können allerdings keine Farbe direkt auswählen – jedes weitere Tippen auf die Farbpalette zeigt eine andere Farbe an.

6 Das Anwählen des *Senden*-Symbols schließt die Eingabe ab und veröffentlicht die Statusmeldung.

Statusmeldungen als Foto

Für eine Statusmeldung mit Foto müssen Sie auf das *Kamerasymbol* tippen und dann entweder ein neues Foto oder Video aufnehmen oder ein Foto oder Video aus der Galerie auswählen. Letztere rufen Sie über das *Galerie-Symbol* links vom Auslöser (iPhone) auf oder durch Ziehen der Vorschaubilder nach oben (Android).

Nach Auswahl eines oder mehrerer Fotos stehen Ihnen die verschiedenen Foto-Bearbeitungsfunktionen zur Verfügung: drehen, zuschneiden, beschriften, mit Emojis versehen und Freihandmarkierung hinzufügen.

Tippen Sie auf das *Senden-Symbol*, wenn Sie mit der Bearbeitung fertig sind, um Ihre Statusmeldung mit einem Foto zu aktualisieren.

Übersicht über die Statusmeldungen

Im Tab *Status* erscheinen Foto und auch Text als kreisrundes „Profilbild".

► **Tippen Sie auf eine Meldung,** um sie im Detail anzuzeigen.

► **Wischen Sie nach links oder rechts,** um zwischen den einzelnen geöffneten Statusmeldungen hin- und herzublättern.

► **Den geöffneten Status** eines Kontakts können Sie durch eine Wischgeste von unten nach oben beantworten. Diese Antwort kann

– wie üblich – ein Text mit Emojis, ein Foto, ein Video, eine Datei oder eine Sprachnachricht sein.

▶ **Tippen Sie auf die drei Punkte** in der rechten oberen Ecke, um die Statusmeldungen des Kontakts stumm zu schalten. Sie erscheinen dann nicht mehr oben in der Statusübersicht. Unter Android können Sie alternativ auch eine Statusmeldung in der Übersicht antippen und halten, um sie stumm zu schalten.

Ohne Eingabe kehrt WhatsApp übrigens nach wenigen Sekunden automatisch zur Statusübersicht zurück.

An oberster Stelle wird Ihnen in der Statusübersicht immer Ihr eigener Status angezeigt. Darunter sehen Sie Statusmeldungen von Kontakten, die Sie sich noch nicht angeschaut haben, gefolgt von allen bereits gelesenen Meldungen.

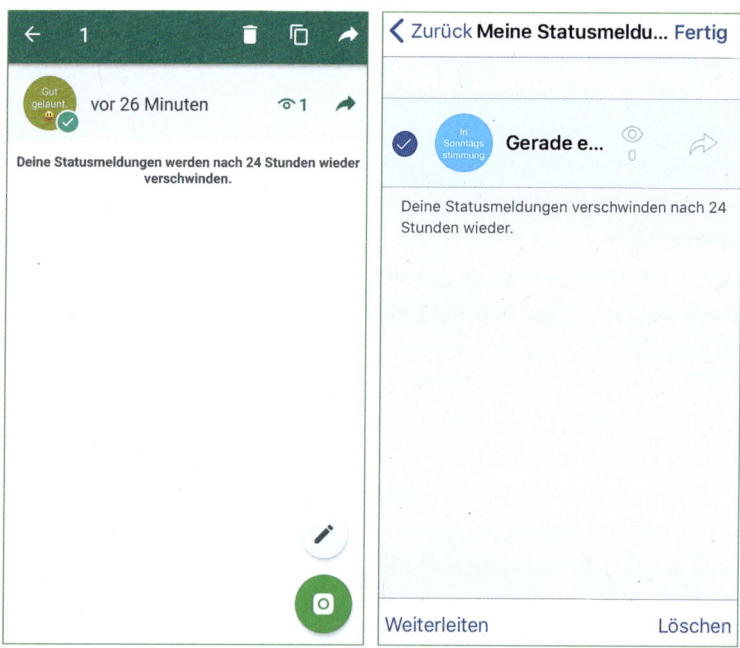

Auf Android-Smartphones sehen Sie neben Ihrem eigenen Status *drei Punkte*. Ein Tippen darauf zeigt Ihnen an, wie viele Personen sich Ihren Status angeschaut haben.

Auf Ihrem iPhone müssen Sie für diese Ansicht lediglich auf Ihren Status tippen. Über den *nach rechts gerichteten Pfeil* können Sie den Status an eine Person oder Gruppe weiterleiten. Das Menü der Statusübersicht (*drei Punkte* in der rechten oberen Ecke) gibt Ihnen übrigens Zugriff auf die Datenschutzeinstellungen für die Status-meldungen.

Statusmeldungen vor Ablauf der 24 Stunden löschen

▶ **Unter Android:** Tippen Sie auf die *drei Punkte* neben Ihrer Sta-tusmeldung: Nun müssen Sie Ihren Status erneut antippen und hal-ten. Dadurch blendet sich eine Symbolleiste mit *Papierkorb* ein.

▶ **Auf dem iPhone:** Tippen Sie auf *Bearbeiten* in der linken oberen Ecke. Wählen Sie die Status-meldung durch Antippen aus und tippen Sie an-schließend am unteren Bildrand auf *Löschen*.

Broadcasts erstellen, versenden und empfangen

Broadcasts (Android) oder Broadcast-Listen (iPhone) sind eine Art Mischung aus Chat und Gruppenchat: eine Nachricht, die Sie an mehre-re Kontakte gleichzeitig verschicken.

Im Gegensatz zum Gruppenchat wissen die Empfänger aber nicht, welche weiteren Perso-nen diese Nachricht erhalten haben.

Die Personen auf einer Broadcast-Liste können also nicht untereinander kommunizieren – Ant-worten auf einen Broadcast gehen nur an den Absender und nicht an andere Personen auf der Liste.

Rufen Sie den Tab *Chats* auf, um einen Broadcast zu erstellen.

1 Tippen Sie auf Ihrem iPhone auf *Broadcast-Listen* und auf Ihrem Android-Smartphone auf *Menü* und *Neuer Broadcast*.

2 Das iPhone zeigt Ihnen nun eine Liste aller Broadcasts an (die anfangs noch leer ist) und bietet Ihnen am unteren Bildrand die Möglichkeit, eine neue Liste zu erstellen.

3 Nun sehen Sie die Liste aller WhatsApp-Kontakte, aus der Sie die Teilnehmer für den Broadcast durch Antippen auswählen.

4 Bestätigen Sie die Auswahl über das *Häkchen* unten rechts (Android) oder *Erstellen* in der rechten oberen Ecke (iPhone).

5 Sie gelangen nun zur gewohnten Chat-Ansicht und können den ersten Broadcast verschicken.

6 Tippen Sie auf die Kopfzeile des Chats (unter Android steht dort die Zahl der Empfänger, auf dem iPhone die Namen der Empfänger), um sich die Broadcast-Infos anzeigen zu lassen.

7 Hier können Sie den Namen der Liste ändern, indem Sie unter Android auf das *Stift*-Symbol tippen und unter iOS auf *Listen-Name*. Wie bei den Kontakt- und Gruppeninfos können Sie natürlich auch in den Broadcast-Infos die Mitgliederliste bearbeiten, neue Mitglieder hinzufügen, die Liste löschen oder als Spam melden.

Vorhandene Broadcasts ansehen

Bereits erstellte Broadcasts oder solche, in die Sie eingeladen wurden, sind eine Mischung aus Chat und Status. Sie werden auf Android-Smartphones und iPhones unterschiedlich behandelt. Auf dem iPhone rufen Sie die Broadcasts über den Button *Broadcast-Listen* im Tab *Chats* auf. Er befindet sich dort oberhalb der Chats.

Unter Android gibt es eine solche separate Liste für alle Broadcasts leider nicht. Dort finden Sie sie zwischen Ihren übrigen Chats in der regulären Chat-Übersicht.

Der kleine Emoji-Knigge

Viele der realistischeren (und eindeutigeren) Emojis gibt es in verschiedenen Hauttönen – erkennbar am kleinen grauen Keil unten rechts. Für die Auswahl drücken und halten Sie das Emoji-Bildchen.

Emoji	Bedeutung	Emoji	Bedeutung
	Spaß, Freude		Vor Wut schnaubend, wütend
	Erleichterung		Schweigen / kein Kommentar
	Lachen, bis die Tränen kommen		Neutraler Standpunkt
	Sich vor Lachen kugeln		Sich Sorgen machen
	Glück, Glücksgefühle		Mit offenem Mund starren bzw. staunen
	Unschuld, Engel, selbstlose Tat		Ausgeknockt, k. o.
	Smiley, kleiner Scherz		Peinlich berührt
	In Liebe entflammt		Angstschrei (nach E. Munch)
	Kuss zuwerfen		Erschrocken, geschockt
	Pfeifen / Küsschen bis liebevoller Kuss		Sorge, kalter Schweiß auf der Stirn
	Leckeres Essen		Trauer, Tränen in Strömen
	Quatsch machen		Enttäuscht, aber erleichtert
	Geldgierig		Missgeschick, Fettnäpfchen
	Umarmung (keine Abwehr)		Augenrollen, Überdruss
	Computer-Nerd und lässige Stimmung		Nachdenklich
	Müde, erschöpft, resigniert		Lügner, Pinocchio-Nase
	Traurig, enttäuscht		Häufchen Hundekot
	Trauer und Mitgefühl		Klatschen (nicht beten)
	Schlecht drauf		Schneller Abgang mit Staubwolke
	Den Tränen nahe, mit zitternden Lippen		Die drei weisen Affen: „Nichts sehen, nichts hören, nichts sagen." Hier: „Übersehen!", „Überhört!" oder „Huch!"

Datenschutz
und Sicherheit

Information ist die digitale Währung:
WhatsApp ist zwar gratis, dafür hat die App
bzw. das Unternehmen aber Zugriff auf Ihre
Kommunikation mit Familie und Freunden.
Die gute Nachricht: Sowohl bei Android-
Smartphones als auch auf dem iPhone lassen
sich die Berechtigungen von WhatsApp einschränken. In diesem Kapitel erfahren Sie,
wie Sie für Datensicherheit sorgen und Ihre
Daten vor dem unbefugten Zugriff Dritter
schützen.

Die Ende-zu-Ende-Verschlüsselung

 **Die Verschlüsselung geschieht automatisch** und im Hintergrund. Sie müssen nichts unternehmen, um die Verschlüsselung zu aktivieren. Sie ist per Voreinstellung bereits aktiv – seit dem 5. April 2016. Kommunikation, die früher stattfand, ist nicht verschlüsselt.

Die durchgängige Verschlüsselung nennt man Ende-zu-Ende-Verschlüsselung, weil der gesamte Transportweg verschlüsselt ist – eben von einem Ende zum anderen.

Ihre Nachricht ist nur im Klartext lesbar, während Sie sie eingeben. Sobald Sie auf *Senden* tippen, wird der Text verschlüsselt, anschließend verschickt und lokal gespeichert – beides in verschlüsseltem Zustand.

Die verschlüsselte Nachricht wird dann über das Mobilfunknetz und über das Internet an einen Server von WhatsApp übertragen, der wiederum das Mobiltelefon des Empfängers kontaktiert und die Nachricht verschlüsselt überträgt.

Erst auf dem Gerät des Empfängers – und nur dort (also am anderen Ende) – wird die Nachricht wieder entschlüsselt und im Klartext angezeigt.

Prüfen, ob die Ende-zu-Ende-Verschlüsselung aktiv ist

Die Ende-zu-Ende-Verschlüsselung funktioniert allerdings nur, wenn beide Kommunikationspartner eine aktuelle WhatsApp-Version einsetzen.

Sie lässt sich in dem Fall auch nicht abschalten. Ob die Verschlüsselung aktiv ist, sprich, Ihr Gesprächspartner eine aktuelle WhatsApp-Version installiert hat, können Sie prüfen:

1 Öffnen Sie die Chat-Übersicht durch ein Tippen auf *Chats*.

2 Tippen Sie den Chat an, dessen Verschlüsselungsstatus überprüft werden soll.

3 Tippen Sie oben auf den Namen des Kontakts für die Kontaktdetails. Beim Punkt Verschlüsselung sehen Sie den aktuellen Stand der Dinge zu diesem Thema. Im Idealfall steht hier: *„Nachrichten in*

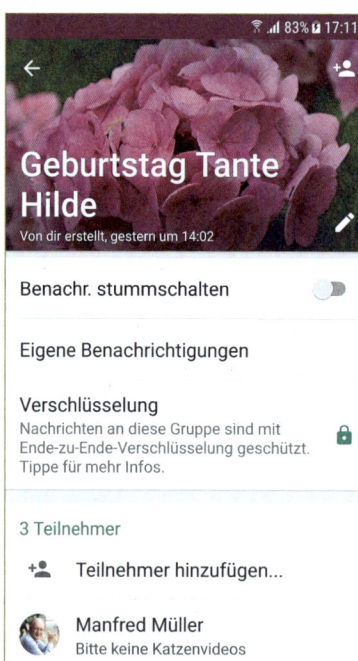

diesem Chat sowie Anrufe sind jetzt mit Ende-zu-Ende-Verschlüsselung geschützt".

Diese Information finden Sie in jedem Chat, auch in Gruppenchats. Wird ein Chat oder Gruppenchat neu begonnen, steht ganz oben noch einmal die Mitteilung zur Verschlüsselung.

Verschlüsselung bestätigen

Sollte Ihnen diese Meldung als Bestätigung nicht ausreichen, bietet WhatsApp die Möglichkeit, die Verschlüsselung manuell zu überprüfen:

1 Öffnen Sie die Kontaktinfos eines Gesprächspartners, indem Sie im Chat-Verlauf in der Kopfzeile auf seinen Namen tippen.

2 Tippen Sie nun auf *Verschlüsselung*.

3 Es erscheinen ein QR-Code und darunter eine Zahlenfolge, die diesem QR-Code entspricht.

4 Wie unter der Zahlenfolge beschrieben, müssen Sie den Kontakt nun bitten, die obigen drei Schritte auf seinem Smartphone zu wiederholen.

5 Einer von ihnen muss nun auf *Code scannen* tippen.

6 Es aktiviert sich die Kamera.

7 Das Gerät mit aktiver Kamera muss nun so über das andere Smartphone gehalten werden, dass dessen QR-Code in der Kreismarkierung erscheint.

8 Die Kamera scannt den Code und liest daraus den Zahlencode aus.

9 Ist der Code korrekt, wird die Kamera geschlossen und es erscheint zur Bestätigung ein grünes Häkchen.

Wird die Überprüfung übrigens mit dem Gerät eines anderen Kontakts durchgeführt, meldet WhatsApp einen Fehler. Die persönliche Überprüfung gibt Ihnen also die Gewissheit, dass die Ende-zu-Ende-Verschlüsselung zwischen Ihrem Smartphone und dem Smartphone Ihres Kontakts funktioniert.
Grundsätzlich ist es nicht notwendig, diese Schritte durchzuführen – die Funktion richtet sich eher an Nutzer mit einem erhöhten Sicherheitsbedürfnis. Diese sollten die manuelle Bestätigung wiederholen, sobald der Gesprächspartner sein Smartphone oder die Rufnummer wechselt.

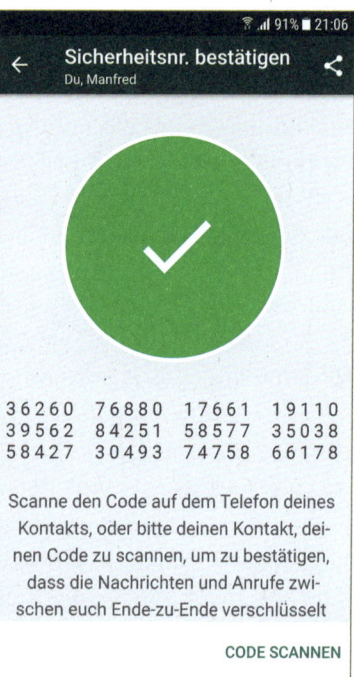

Berechtigungen auf dem Smartphone einschränken

Sowohl Android als auch iOS auf dem iPhone erlauben, Apps gezielt Berechtigungen zu erteilen oder wegzunehmen.

Wollen Sie beispielsweise mit WhatsApp chatten, aber keinesfalls Fotos aus der App heraus aufnehmen, können Sie ihr gezielt den Zugriff auf die (dann sowieso nicht genutzte) Kamera Ihres Smartphones verbieten.

App-Berechtigungen unter Android

1 Öffnen Sie die *Einstellungen-App* auf Ihrem Smartphone.

2 Wählen Sie in den Einstellungen *Apps* und blättern dann zum Eintrag *WhatsApp*, den Sie durch Antippen öffnen.

3 Scrollen Sie nun nach unten zu den *Berechtigungen*. Ein Tippen darauf zeigt Ihnen an, welche Berechtigungen die App hat:

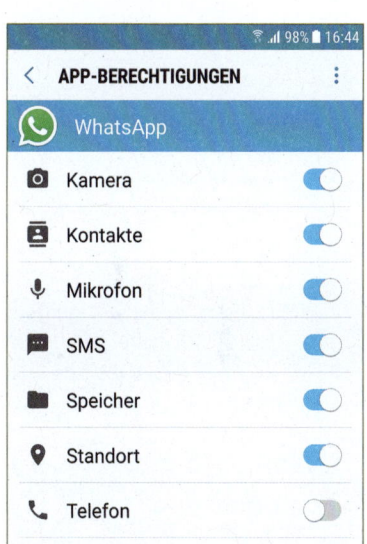

▶ **Kamera:** Die App kann Bilder und Fotos aufnehmen.

▶ **Kontakte:** Die App darf auf dem Gerät nach Konten suchen, Kontakte lesen und ändern.

▶ **Mikrofon:** Sie darf auch Audio aufnehmen.

▶ **SMS:** WhatsApp empfängt unter Umständen SMS und darf SMS senden und abrufen.

▶ **Speicher:** Damit erhält WhatsApp Zugriff auf den Smartphone-Speicher, um Dateien zu lesen, zu bearbeiten und zu löschen. Auch die lokale Datensicherung benötigt diese Berechtigung.

▶ **Standort:** WhatsApp kann den ungefähren und den genauen Standort abrufen.

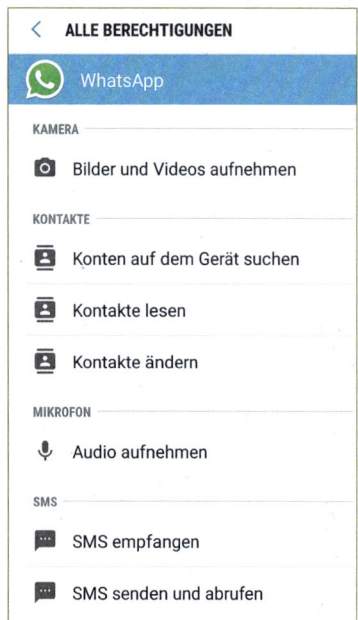

▶ **Telefon:** WhatsApp kann auf die Telefonfunktion Ihres Geräts zugreifen und die Nummern des Telefonats auslesen.

Tippen Sie oben rechts auf die *drei Punkte* und auf *Alle Berechtigungen*. Hier können Sie sich diese im Einzelnen anzeigen lassen und mit einem Tippen darauf mehr Informationen darüber bekommen, was die App genau darf.

App-Berechtigungen auf dem iPhone

Auf Ihrem iPhone müssen Sie in der *Einstellungen-App* nach unten scrollen und den Eintrag *WhatsApp* aufrufen. Es öffnet sich eine Übersicht mit allen Berechtigungseinstellungen, die für WhatsApp angeboten werden.

▶ **Standort:** Hier können Sie zwischen *Nie*, *Bei Verwenden der App* und *Immer* wählen. Beachten Sie die Erklärung von Apple, wonach für das Teilen des Live-Standorts diese Berechtigung auf *Immer* stehen muss.

▶ **Kontakte, Kamera, Mikrofon:** Die Berechtigungen können Sie jeweils durch Antippen des Schiebereglers aktivieren oder deaktivieren. Ohne die jeweilige Berechtigung steht die zugehörige Funktion nicht zur Verfügung.

▶ **Fotos:** Hier haben Sie die Wahl zwischen *Nie* und *Lesen und Schreiben*.

▶ **Hintergrundaktualisierung:** Erlauben Sie WhatsApp, auch dann Nachrichten zu empfangen, wenn die App nicht geöffnet ist. Das bedeutet, dass Teile der App stets im Hintergrund mitlaufen und somit Strom und Daten verbrauchen. Neue Nachrichten empfängt WhatsApp aber auch dann im Hintergrund, wenn die Hintergrundaktualisierung deaktiviert ist.

Berechtigungen jederzeit wieder aktivierbar

Jede Berechtigung auf Ihrem iPhone bzw. Android-Smartphone wird für eine bestimmte Funktion benötigt. Schalten Sie Berechtigungen nur dann aus, wenn Sie sich sicher sind, dass Sie die zugehörige Funktion nicht verwenden wollen.

Fehlt der Zugriff auf eine Berechtigung, arbeitet WhatsApp nur eingeschränkt – in diesem Rahmen aber weiterhin fehlerfrei.

Sollte eine Berechtigung für eine Funktion fehlen, die Sie ausführen wollen, wird WhatsApp Sie darauf hinweisen. Sie können diese dann immer noch aktivieren.

Was WhatsApp trotzdem über Sie weiß

Es gibt Dinge, die weiß WhatsApp so oder so über Sie. Zum Teil helfen hier auch keine Einschränkungen in den Berechtigungen:

▶ **Ihr Adressbuch** samt Telefonnummern, Profilbildern und die Profilinfo wird regelmäßig ausgelesen.

▶ **Nachrichten, Fotos, Videos und Statusmeldungen** speichert WhatsApp 30 Tage, falls sie nicht an den Empfänger ausgeliefert werden können. Danach werden sie automatisch gelöscht.

▶ **Gruppen** inklusive deren Mitglieder und Broadcast-Listen werden auch gespeichert – jedoch nicht die Nachrichten der Gruppe oder die Inhalte der Broadcasts.

▶ **Nutzungs- und Verbindungsdaten** werden ebenfalls erfasst: Diagnose- und Absturzberichte, wie lange es dauert, bis die App startet, wie lange sie geöffnet ist und welche Funktionen wie häufig verwendet werden, das Betriebssystem, Mobilfunknetz und IP-Adresse.

▶ **Wann Sie online sind** und wann Sie zuletzt eine Statusmeldung aktualisiert haben, speichert WhatsApp ebenfalls.

All diese Daten nutzt WhatsApp für seine Zwecke. Der Datenaustausch mit dem Mutterunternehmen Facebook, zu dem WhatsApp gehört, ist zwar umstritten und hierzulande sogar verboten worden. Zudem verspricht Facebook, dass es keine Werbebanner von Dritten auf WhatsApp geben wird.

Eine Nutzung von anonymisierten WhatsApp-Daten für zielgerichtete Werbung gilt zu einem späteren Zeitpunkt jedoch als wahrscheinlich. Anders ist ein Dienst wie WhatsApp langfristig vermutlich nicht zu finanzieren.

WhatsApp ohne Berechtigungen nutzen

WhatsApp ohne Berechtigungen nutzen – theoretisch ist das möglich. So kann die App nicht länger auf private Dinge wie Ihre Fotos und Ihr Adressbuch zugreifen, der Funktionsumfang reduziert sich dadurch allerdings deutlich.

▶ **Auf dem iPhone** bleiben der Versand von Chat-Nachrichten, Dokumenten und Orten auf einer Karte – jedoch müssen Sie Ihren Standort selbst auf der Karte finden. Als Statusmeldung sind nur Texte möglich. Alle anderen Kommunikationsmittel fehlen.

▶ **Android** ist an der Stelle noch „gründlicher": Chat-Nachrichten und Statusnachrichten in Textform können noch verschickt werden – mehr erlaubt Android ohne Berechtigungen nicht.

WhatsApp ohne Kontakte nutzen

Ein Sonderfall, der schon bei der Ersteinrichtung angesprochen wurde, ist die Nutzung von WhatsApp ohne Berechtigung für den Zugriff auf die Kontakte.

Diese Option sollten Sie wählen, wenn Sie den Hinweis in den Datenschutzbestimmungen ernst nehmen, wonach Sie Ihre Kontakte zuerst fragen müssten, ob Sie deren Daten an Whats-App übergeben dürfen.

So entschied das Amtsgericht Bad Hersfeld (Az. F120/17 EASO). Das Urteil ist rechtskräftig – nach Ansicht von test.de ist die Gefahr, dass Whats-App-Nutzer deswegen abgemahnt werden, derzeit allerdings nur theoretischer Natur.

Einschränkungen bei der Chat-Funktion

Nehmen wir also an, Sie haben tatsächlich dem Zugriff auf Ihre Kontakte widersprochen. In dem Fall können Sie die App wie gewohnt einrichten, aber selbst noch keine Nachricht schreiben.

Beim Tippen auf das Symbol für eine neue Chat-Nachricht verlangt WhatsApp nämlich den Zugriff auf die Kontakte. Auch die Option zum Hinzufügen eines Kontakts steht nicht zur Verfügung.

Da Sie Ihre Kontakte ja nicht an WhatsApp übermitteln, kann die App auch nicht feststellen, welche Personen WhatsApp bereits verwenden. Ihr WhatsApp-Adressbuch ist also leer.

Da Sie sich aber mit Ihrer Telefonnummer bei WhatsApp registriert haben, tauchen Sie nun in den Adressbüchern der WhatsApp-Nutzer auf, die Ihre Telefonnummer auf ihrem Gerät gespeichert haben. Eine dieser Personen muss Ihnen nun eine Nachricht schicken.

1 Tippen Sie auf den *Chat* in Ihrer Chat-Übersicht, um die Nachricht anzuzeigen.

2 Da sich der Absender nicht in Ihrem Adressbuch befindet, werden Sie gefragt, ob Sie die Nachricht als *Spam melden* oder den *Absender blockieren* wollen.

3 Wählen Sie stattdessen *Zu Kontakten hinzu-fügen*.

4 Sie müssen nun noch entscheiden, ob es sich um einen vorhandenen Kontakt oder einen neuen Kontakt handelt.

5 Möglicherweise verschwindet die Warnmeldung nicht sofort, nachdem Sie den Kontakt hinzugefügt haben. Sobald Sie auf die Nachricht geantwortet haben, wird die Meldung jedoch ausgeblendet.

Alle weiteren Kontakte müssen Sie ebenfalls auf diese Art hinzufügen, sprich, Sie müssen sich von jeder Person, mit der Sie per WhatsApp kommunizieren wollen, zuerst anschreiben lassen.

Neue Nachrichten können Sie auch nur über den jeweiligen Chat verschicken – die Funktion *Neuer Chat* steht Ihnen weiterhin nicht zur Verfügung. Auch können Sie den Tab *Anrufe* nicht benutzen. Falls Sie mit einem Kontakt telefonieren wollen, ist der Umweg über den Chat notwendig – in der Kopfzeile finden sich neben dem Namen des Chat-Kontakts die Symbole für Sprach- und Videoanruf.

Fazit

Wer nur mit sehr wenigen Personen per WhatsApp kommunizieren will, kann auf die Berechtigung für Kontakte verzichten.

Für die meisten Nutzer kommt dieses Vorgehen allerdings nicht infrage. WhatsApp scheint das „Verheimlichen" der Kontakte bewusst unkomfortabel zu gestalten – was auch verständlich ist, schließlich sind die Daten der Nutzer das größte Kapital des Unternehmens.

Datensicherung

Auch wenn WhatsApp viel unternimmt, um Ihre Daten vor unbefugten Zugriffen zu schützen – um einen Aspekt müssen Sie sich selbst kümmern: die Datensicherung.

Auf den Servern von WhatsApp befinden sich nur wenige Informationen, allen voran Ihr WhatsApp-Profil und Ihre Gruppen – von Letzteren merkt sich WhatsApp allerdings nur die Namen und Mitglieder. Nachrichten, Fotos, Videos und Dateien werden nur lokal gespeichert.

Sie können darüber hinaus aber eine Datensicherung erstellen. iPhones bieten Ihnen die Sicherung in iCloud an, Apples Cloud-Speicherdienst. Auf Android-Smartphones haben Sie zwei Optionen: eine lokale Datensicherung und eine Sicherung auf Google Drive, Googles Cloud-Speicherdienst. Die Datensicherung aktivieren oder kontrollieren Sie in den Einstellungen der WhatsApp-Anwendung unter dem Punkt *Chats*.

Datensicherung aktivieren auf Android-Smartphones

Wählen Sie unter *Einstellungen* > *Chat* den Punkt *Chat-Backup*. Ab Werk ist das lokale Backup aktiviert, das laut WhatsApp jeden Morgen um 2 Uhr durchgeführt wird. Darüber hinaus können Sie Ihre Daten wie gesagt auch auf Google Drive ablegen:

1 Tippen Sie auf *Auf Google Drive sichern*, um ein Sicherungsintervall festzulegen. Je häufiger Sie mit WhatsApp kommunizieren und je wichtiger Ihnen diese Daten sind, je kürzer sollte das Intervall sein.

2 Tippen Sie auf *Konto*, um ein Google-Konto für die Sicherung zu bestimmen. Sie können das Google-Konto nehmen, das bereits auf Ihrem Android-Smartphone hinterlegt ist, oder auch ein anderes Konto.

3 Nun sollten Sie festlegen, ob die Sicherung nur über WLAN oder auch über die mobile Datenverbindung erfolgt. Das hängt letztlich von Ihrem Sicherheitsbedürfnis, der Menge der zu sichernden Daten und der Verfügbarkeit einer WLAN-Verbindung ab. Für die meisten Nutzer sollte jedoch die Einstellung *Nur WLAN* die beste sein.

4 Legen Sie anschließend noch fest, ob Videos auch gesichert werden sollen. Sie sind standardmäßig nicht in der Sicherung enthalten, weil Sie meist sehr groß sind und von daher viel Speicherplatz in der Cloud belegen, den Sicherheitsvorgang verzögern können und natürlich – falls so konfiguriert – das vertragliche Datenvolumen sehr stark belasten.

5 Tippen Sie auf die grüne Schaltfläche *Sichern*, um manuell eine Sicherung zu starten. Dadurch wird die lokale Datensicherung und, sollte es eingestellt sein, auch die Cloud-Sicherung gestartet.

6 Ganz oben in den *Backup-Einstellungen* wird Ihnen nun angezeigt, wann zuletzt in der Cloud oder lokal gesichert wurde und wie groß die Datensicherung ist.

Datensicherung aktivieren auf dem iPhone

Auch auf Ihrem iPhone finden Sie in den Chat-Einstellungen den Punkt *Chat-Backup*. Im Gegensatz zur Android-Version sichert WhatsApp für iOS Ihre Daten nur in der Cloud. Sie können kein Sicherungskonto auswählen. WhatsApp nutzt automatisch die Apple ID Ihres iPhones.

Mit Tipp auf *Autom. Backup* stellen Sie ein, wie häufig Ihre Daten gesichert werden: täglich, wöchentlich oder monatlich. In den meisten Fällen sollte eine tägliche Sicherung die beste Wahl sein.

Sie können die Sicherung an dieser Stelle aber auch ausschalten. Außerdem müssen Sie entscheiden, ob Videos mitgesichert werden.

Denken Sie daran, dass Videos viel Speicherplatz benötigen und zumindest der kostenlose Speicher auf iCloud auf 5 GB begrenzt ist. Videos belasten unter Umständen Ihr vertragliches Datenvolumen sehr stark, falls die Sicherung auf iCloud auch über das Mobilfunknetz erfolgt. Kontrollieren Sie dies am besten in den Einstellungen Ihres iPhones:

1 Öffnen Sie die *Einstellungen-App*.

2 Wählen Sie *Mobiles Netz*.

3 Scrollen Sie nach unten bis zum Eintrag *iCloud Drive*.

4 Schalten Sie den Regler auf *Aus*, um zu verhindern, dass Daten über das Mobilfunknetz auf iCloud gesichert werden. Diese Einstellung sollte für alle Nutzer geeignet sein, die regelmäßig (beispielsweise täglich) Zugriff auf ein WLAN haben. Wer selten WLAN nutzt und zugleich eine Datenflatrate mit einem sehr großen Datenvolumen hat, kann überlegen, diese Option zu aktivieren.

5 Tippen Sie auf *Backup jetzt erstellen*, um eine Datensicherung manuell anzustoßen.

Nachteile der Datensicherung in der Cloud

Einen Haken hat die Datensicherung in der Cloud, worauf WhatsApp auch in den Datensicherungseinstellungen aufmerksam macht: Auf den Servern von Apple und Google greift WhatsApps Datenverschlüsselung nicht.

Die Ende-zu-Ende-Verschlüsselung deckt nur den Weg von einem Smartphone zum anderen ab. Selbstverständlich überträgt Whats-

App die Daten über eine verschlüsselte Verbindung auf die Server von Apple und Google, damit Ihre Datensicherung „unterwegs" nicht abgefangen und der Inhalt gelesen werden kann.

Genauso selbstverständlich übernimmt WhatsApp keine Verantwortung dafür, wie Apple und Google mit Ihren Daten umgehen. Allerdings ließ WhatsApp kürzlich verlautbaren, mit der iOS-Version seiner App erstellte Datensicherungen würden verschlüsselt auf iCloud Drive gespeichert – ohne jedoch auf die Art der Verschlüsselung einzugehen.

Zu Google Drive machte das Unternehmen gar keine Angaben. Dort scheinen die Sicherungen also unverschlüsselt zu liegen. Falls Sie ein Android-Smartphone haben und besonderen Wert auf die Verschlüsselung Ihrer Daten legen, sollten Sie das Cloud-Backup auf Google Drive vielleicht nicht nutzen und stattdessen Ihre Daten nur lokal speichern – die sind nämlich verschlüsselt.

Manuelle Datensicherung: Export eines Chats

Eine Alternative zur Datensicherung ist der Export eines Chats. Dabei werden alle Nachrichten – und auf Wunsch auch die zugehörigen Medien wie Fotos und Videos – exportiert.

1 Um einen Chat zu exportieren, müssen Sie ihn zunächst öffnen.

2 Unter Android rufen Sie dann das Menü auf (*drei Punkte* oben rechts) und wählen *Mehr* und anschließend *Chat per E-Mail senden*. Auf Ihrem iPhone gehen Sie in die Chat-Übersicht, wischen über den Chat nach links, um dann *Mehr* und *Chat exportieren* anzuwählen.

3 Entscheiden Sie nun, ob nur Nachrichten oder auch Medien exportiert werden sollen.

4 Während Sie unter Android nur eine E-Mail-App auswählen können, um sich das Chat-Protokoll per E-Mail zuschicken zu lassen, haben Sie auf Ihrem iPhone alle Optionen der *Teilen*-Funktion. *In Dateien sichern* erlaubt es Ihnen beispielsweise, den Chat auf iCloud zu speichern.

Wiederherstellung der Daten aus Backup

Jede Sicherung ist nur so gut wie die Datenrücksicherung – also der Zeitpunkt, an dem Sie im Ernstfall Ihre Daten aus einer Sicherung wiederherstellen wollen.

Die Datenrücksicherung steht leider nur im Rahmen der Neuinstallation der App zur Verfügung. Sollten Sie also Ihren WhatsApp-Datenbestand aus irgendeinem Grund auf einen früheren Stand zurücksetzen wollen, müssen Sie die App deinstallieren und erneut installieren.

WhatsApp erkennt während der Ersteinrichtung, dass Sie die App bereits genutzt haben und bieten Ihnen dann automatisch an, die in der Cloud (iCloud oder Google Drive) gespeicherten Daten zurückzusichern. Es steht Ihnen allerdings nur der letzte gesicherte Datenbestand zur Verfügung. Wann zuletzt gesichert wurde, sehen Sie unter *Einstellungen* > *Chats* > *Chat-Backup*. Dort wird auch angezeigt, wie groß die aktuelle Sicherung in etwa ist.

Umzug auf ein anderes Telefon

Die Datenrücksicherung kommt auch zum Einsatz, falls Sie Ihr Telefon wechseln. Vorher sollten Sie zur Sicherheit über die Chat-Einstellungen Ih-

re Daten sichern (siehe „Datensicherung", S. 93). Achten Sie darauf, dass Sie, zumindest für den Umzug, auf Ihrem Android-Gerät die Sicherung auf Google Drive aktivieren – die lokale Sicherung steht Ihnen ja auf Ihrem neuen Telefon nicht zur Verfügung.

Auf dem neuen Telefon, egal ob Android oder iPhone, müssen Sie dann lediglich während der Ersteinrichtung die angebotene Option zur Rücksicherung Ihrer Daten nutzen. WhatsApp stellt dann übrigens zuerst die Nachrichten wieder her und lädt erst anschließend im Hintergrund die Mediendateien wie Fotos und Videos herunter.

Bei Bedarf das WhatsApp-Backup auf Google Drive löschen

Sollten Sie unter Android das Cloud-Backup nur für den Umzug auf ein neues Gerät aktiviert haben, können Sie nach erfolgreicher Rücksicherung das WhatsApp-Backup auf Google Drive löschen.

1 Öffnen Sie dazu <u>drive.google.com</u> auf einem PC oder Mac im Browser und melden Sie sich mit dem Google-Konto an, das Sie auch für die WhatsApp-Sicherung verwenden.

2 Tippen Sie anschließend in der Menüleiste am linken Rand auf *Sicherungen*. Hier finden Sie nicht nur die Sicherungen, die Google von Ihrem Smartphone erstellt, sondern auch die WhatsApp-Sicherung.

3 Wählen Sie die Sicherung aus. Oben rechts sollte nun ein *Papierkorb* angezeigt werden.

4 Ein Tippen auf das *Papierkorb*-Symbol löscht die Sicherung.

Telefonnummer wechseln

WhatsApp ist auch darauf vorbereitet, dass Sie einen neuen Mobilfunkvertrag abschließen und Ihre alte Rufnummer nicht mitnehmen oder aus einem anderen Grund die dem WhatsApp-Konto zugeordnete Rufnummer ändern wollen.

1 Legen Sie zuerst die neue SIM-Karte in Ihr Handy ein.

2 Stellen Sie sicher, dass Sie weiterhin mit der alten Rufnummer auf dem Handy verifiziert sind – das ist dadurch gewährleistet, dass Sie die alte Karte nicht in ein anderes Smartphone einlegen. Bei einigen Smartphone-Modellen können Sie übrigens die SIM-Karte nur wechseln, wenn das Gerät ausgeschaltet ist.

3 Öffnen Sie die *Einstellungen* der WhatsApp-Anwendung.

4 Tippen Sie auf *Account*, um die Kontoeinstellungen zu bearbeiten.

5 Hier finden Sie den Eintrag *Nr. ändern*.

6 WhatsApp informiert Sie anschließend kurz über die Folgen der Nummernänderung. Dadurch werden alle Daten, die bisher Ihrer al-

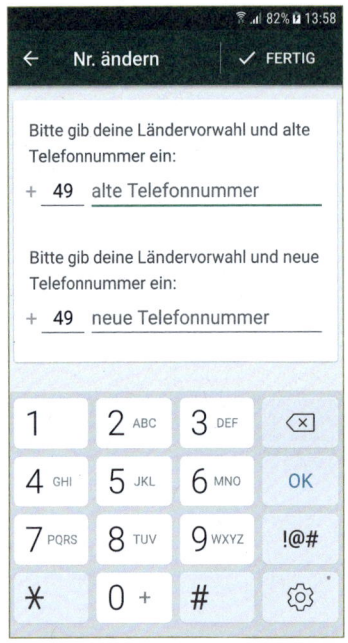

ten Rufnummer zugeordnet waren, auf die neue Nummer übertragen. Sie sind also nach Abschluss des Vorgangs nur noch unter der neuen Nummer erreichbar. Personen, die die neue Nummer nicht haben, können nicht mehr mit Ihnen kommunizieren. Auch lässt sich der Vorgang nicht rückgängig machen – Sie müssten ihn stattdessen wiederholen.

7 Geben Sie nun die alte Telefonnummer ein, mit der Sie derzeit noch verifiziert sind, und darunter die neue Telefonnummer. Über diese müssen bereits SMS-Nachrichten empfangen werden können.

8 Anschließend werden Sie aufgefordert, die neue Telefonnummer zu verifizieren. Dafür müssen Sie den sechsstelligen Code, den Ihnen WhatsApp an die neue Nummer schickt, in den Verifizierungsdialog eingeben.

9 Wird der Code akzeptiert, ist die Rufnummernänderung abgeschlossen.

Tipp

Verifizierung der neuen Rufnummer: Sollten Sie Telefon und Rufnummer wechseln wollen, sollten Sie zuerst die neue Telefonnummer auf dem alten Smartphone verifizieren und danach die Rufnummer ändern. Sollte Ihnen Ihr Telefon abhandengekommen sein – egal ob durch Verlust, Diebstahl oder auch Defekt – und Sie bei der Gelegenheit Telefon und Rufnummer wechseln wollen, müssen Sie für eine Rücksicherung Ihrer Daten auf alle Fälle beim alten Mobilfunkanbieter eine neue SIM-Karte bestellen. Nur die bisherige Telefonnummer erlaubt die Rücksicherung der Daten. Erst danach können Sie die Rufnummer wechseln.

WhatsApp mit Festnetznummer nutzen

WhatsApp lässt sich grundsätzlich nur mit einer Telefonnummer nutzen, da die Verifizierung Ihres Kontos nur per Telefon erfolgt. Allerdings muss dies nicht zwingend eine Handynummer sein – Sie können bei der Registrierung auch eine Festnetznummer angeben.

Generell gehen Sie genauso vor, als würden Sie eine Mobilfunk-nummer verwenden. Geben Sie während der Verifizierung einfach Ihre Festnetznummer – bestehend aus Vorwahl und Anschluss-nummer ohne die führende Null – ein.

WhatsApp schickt Ihnen nun eine SMS zu. Ältere Telefone unter-stützen die Funktion nicht beziehungsweise Sie können bei Ihrem Anbieter in der Regel hinterlegen, dass Sie keine SMS über das Fest-netz erhalten wollen.

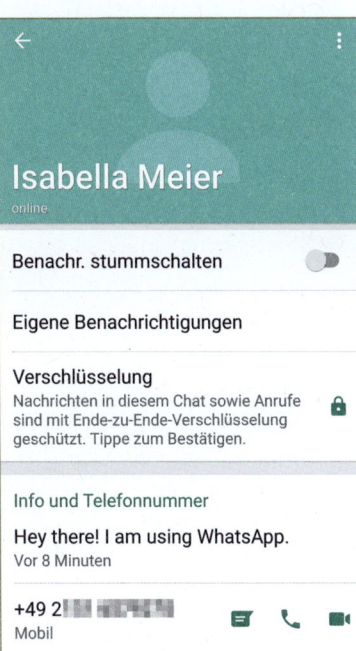

In dem Fall bietet Ihnen der Verifizierungsdialog eine Alternative: Tippen Sie unterhalb des Eingabefelds für den sechsstelligen Zahlencode auf *Mich anrufen*. Kurz darauf sollte Ihr Festnetztelefon klingeln. Sobald Sie das Gespräch annehmen, sagt eine Computerstimme den sechsstelligen Zahlencode immer wieder an, den Sie in Ihr Smartphone eingeben müssen.

Mit Eingabe der sechsten Ziffer ist Ihr Telefon nun für die Verwendung von WhatsApp mit einer Festnetznummer verifiziert.

→ **Verifizierte Nummer bedeutet nicht aktive Nummer**

Sie können WhatsApp zwar immer nur mit einer Telefonnummer und auch nur auf einem Gerät verwenden, die Telefonnummer muss aber nicht auf dem Gerät aktiv sein, auf dem Sie WhatsApp nutzen.

Es ist also beispielsweise möglich, für die Verifizierung eine zweite Handynummer zu verwenden. Rufnummer A wäre dann beispielsweise die Nummer der SIM-Karte in Ihrem Handy, und WhatsApp wäre mit Rufnummer B – gern auch einer Festnetznummer – verifiziert.

Zwei WhatsApp-Konten können Sie indes nicht auf einem Handy betreiben. Allerdings gibt es Ausnahmen. Einige Smartphone-Anbieter aus dem Android-Lager werben inzwischen mit Funktionen, die zwei WhatsApp-Konten auf einem Gerät erlauben.

Samsung setzt dies beispielsweise über die Funktion **Sicherer Ordner** (vormals Samsung **MyKnox**) um. Dabei wird auf dem Smartphone ein abgeschlossener Bereich erzeugt, in dem WhatsApp ein zweites Mal installiert werden kann. Die zweite WhatsApp-Instanz können Sie dann mithilfe einer zusätzlichen Prepaid-Karte oder Ihrer Festnetznummer aktivieren.

WhatsApp-Konto löschen

Sollten Sie sich irgendwann doch gegen WhatsApp entscheiden, können Sie selbstverständlich Ihr Konto auch löschen. WhatsApp entfernt daraufhin Folgendes:

▶ **Ihr Konto aus der Datenbank:** Nutzer, die Ihre Telefonnummer haben, sehen Sie anschließend nicht mehr in ihrem WhatsApp-Adressbuch. Auch Ihre Profildaten wie das Profilfoto verschwinden unwiderruflich.

▶ **Den Chat-Verlauf:** Alle Nachrichten, die lokal auf Ihrem Gerät gespeichert sind, werden gelöscht. Das gilt auch für noch nicht zugestellte Nachrichten, die eventuell noch auf den Servern von WhatsApp liegen.

▶ **Die Gruppen:** WhatsApp speichert auf seinen Servern die Namen Ihrer Gruppen und die Mitglieder. Auch diese Daten werden gelöscht.

▶ **Das Cloud-Backup:** Sollten Sie eine Cloud-Sicherung eingerichtet haben, werden diese Daten ebenfalls von den Servern von Apple und Google getilgt.

Wichtig: Die Kopie Ihres Telefonbuchs verbleibt jedoch auf den Servern von WhatsApp und ist weiterhin ein Bestandteil des riesigen, weltumspannenden WhatsApp-Adressbuchs.

So löschen Sie Ihr WhatsApp-Konto

1 Sie finden die Funktion in WhatsApp unter *Einstellungen >Account > Meinen Account löschen*.

2 Geben Sie hier die Telefonnummer ein, die Sie bei der Verifizierung benutzt haben, und tippen Sie auf *Meinen Account löschen*. Das startet den Löschvorgang.

3 Anschließend können Sie die App nicht mehr nutzen – außer, Sie richten sie erneut ein. Sollten Sie dabei den Namen und die Tele-

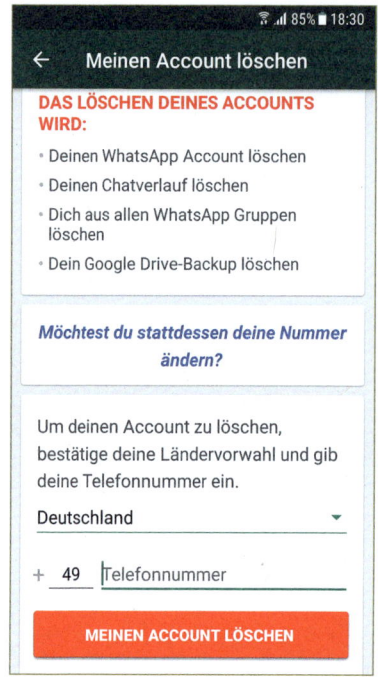

fonnummer verwenden, die Sie vorher hinterlegt hatten, stehen Ihnen die Daten des alten Kontos dennoch nicht mehr zur Verfügung.

WhatsApp weist zudem darauf hin, dass Sie Ihr Konto nur aus der App heraus löschen können. Sollten Sie WhatsApp also deinstallieren und erst zu einem späteren Zeitpunkt Ihr Konto löschen wollen, müssen Sie WhatsApp zuerst wieder installieren und einrichten. Sollten Sie in dieser Situation keinen Zugriff mehr auf die Telefonnummer haben, mit der Ihr Konto verifiziert wurde, ist eine Löschung Ihres Kontos nicht möglich.

Im Umkehrschluss bedeutet das: Wer immer Zugriff auf Ihre Handynummer hat – vor allem SMS damit empfangen kann –, hat auch die Kontrolle über Ihr WhatsApp-Konto inklusive aller Inhalte.

Fünf eigene Vorkehrungen für mehr Datenschutz

Ein Smartphone ist immer so intelligent wie der Mensch, der es benutzt. Denn Datenschutz beginnt nicht erst bei den Einstellungen und Optionen auf dem Handy, sondern bereits beim Nutzer. Vermutlich wissen Sie das nur allzu gut und sind aus gutem Grund skeptisch, den „Spion WhatsApp" auf Ihr Smartphone und damit in Ihr Leben einzuladen.

Andererseits wäre es dann nur konsequent, aus Datenschutzgründen vollkommen auf alle Angebote der digitalen Welt zu verzichten. Befriedigend ist diese Lösung nicht.

Es gilt also, den besten Kompromiss zwischen den sich bietenden Vorteilen und Möglichkeiten im Vergleich zu den Risiken in Sachen Datenschutz und Privatsphäre zu finden. Die folgenden fünf Tipps lassen sich leicht umsetzen, ohne viel an digitalem Komfort zu verlieren.

1. Die Datenschutzeinstellungen von WhatsApp nutzen

Auch wenn Sie den Nutzungsbedingungen und den Datenschutzbestimmungen nicht widersprechen können – der Widerspruch bedeutet, dass Sie WhatsApp nicht nutzen können –, haben Sie doch an einigen Stellen die Möglichkeit, den Datenaustausch mit WhatsApp einzuschränken. Denn WhatsApp selbst bietet einen eigenen Menüpunkt zum Thema Datenschutz an. Sie finden ihn unter *Einstellungen > Account > Datenschutz*.

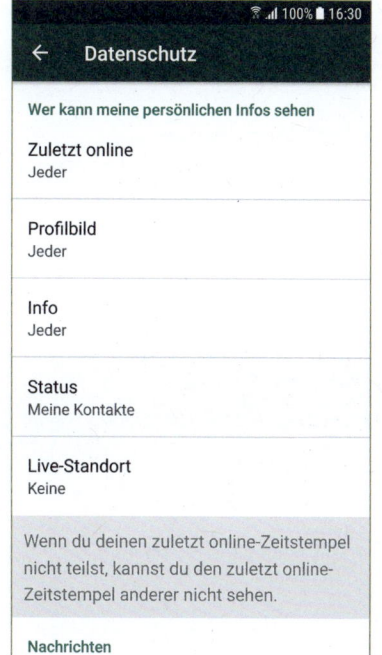

Hier haben Sie folgende Einstellungsmöglichkeiten:

► **Zuletzt online:** Wenn Sie einen Chat mit einer Person begonnen haben, sehen Sie innerhalb des Chats, wann diese Person zuletzt online war. Ihr Gegenüber sieht aber ebenso, wann Sie zuletzt online waren. Stellen Sie ein, wer sehen darf, wann Sie zuletzt online waren. Hier sollten Sie *Meine Kontakte* wählen, außer Sie wollen, dass jeder WhatsApp-Nutzer weltweit diese Information erhält.

► **Profilbild und Info:** Auch hier können Sie zwischen *Jeder*, *Meine Kontakte* und *Niemand* wählen.

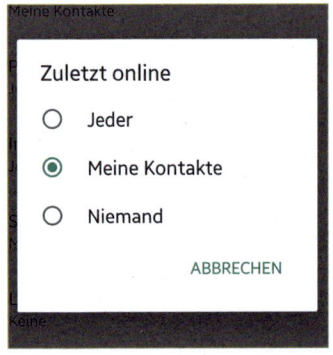

▶ **Status:** Statusmeldungen (siehe „Zusatzfunktionen", Seite 76) gehen ab Werk automatisch an alle Kontakte. Hier können Sie nun entweder bestimmte Kontakte ausnehmen oder den Versand der Statusmeldungen auf wenige Kontakte beschränken. Es öffnet sich bei beiden Optionen die Liste Ihrer Kontakte, in der Sie durch Antippen Ihre Auswahl treffen.

▶ **Live-Standort:** Auch hier gibt es die oben erwähnten Optionen zur Einschränkung der Empfänger – sofern Sie gerade einen Live-Standort teilen.

→ **Onlinestatus einschränken gilt für beide Seiten**

Denken Sie daran: Falls Sie Ihren Onlinestatus einschränken, können Sie auch den Onlinestatus anderer Nutzer nicht mehr sehen. Durch diese Einschränkung will WhatsApp seine Nutzer motivieren, Ihren Status jederzeit verfügbar zu machen. Falls Sie die Einstellung **Meine Kontakte** wählen, sehen Sie zumindest noch den Onlinestatus der Personen in Ihrem Adressbuch.

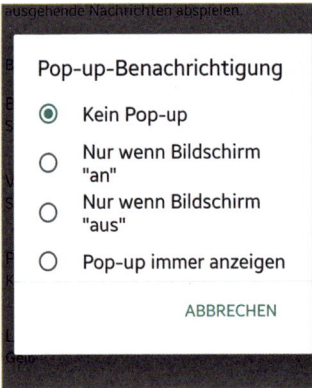

2. Pop-up-Benachrichtigung deaktivieren

WhatsApp ermöglicht Ihnen, Nachrichten als Pop-up anzeigen zu lassen. Diese tauchen dann aus dem Nichts auf, selbst wenn Ihr Smartphone gerade gesperrt und der Bildschirm dunkel ist.

Eine gut gemeinte Funktion, wenn man immer sofort wissen will, was los ist. Andererseits können solche Nachrichten nicht nur nerven, auch Fremde können mit einem Blick über die Schulter die Nachricht mitlesen.

Diese Pop-up-Benachrichtigung können Sie einfach konfigurieren oder ganz deaktivieren:

▶ **Unter Android:** Gehen Sie in WhatsApp auf *Einstellungen* > *Benachrichtigungen*. Tippen Sie auf *Pop-up-Benachrichtigung*. Im

auftauchenden Menü haben Sie die Wahl, ob das Pop-up gar nicht kommen soll, nur wenn Ihr Bildschirm „*an*" ist, nur wenn er „*aus*" ist oder ob es *immer* erscheinen soll. Tippen Sie auf die gewünschte Option. Darunter, auf Höhe von *Gruppenbenachrichtigungen*, können Sie die gleiche – oder eine davon abweichende – Einstellung vornehmen.

▶ **Auf dem iPhone:** Hier finden Sie die Option nicht direkt in WhatsApp. Gehen Sie zu den *iPhone-Einstellungen* und hier auf *Mitteilungen* > *WhatsApp*. Entscheiden Sie, ob eine Nachricht im *Sperrbildschirm*, im *Verlauf* (mit anderen Nachrichten) als *Banner* sowie *temporär* oder *dauerhaft* angezeigt werden soll.

→ Pop-up heißt nicht „gelesen"

Als Lesebestätigung gilt die als Pop-up aufgetauchte Nachricht nicht. Ihr Gegenüber sieht die zwei blauen Häkchen also erst, wenn Sie die Nachricht innerhalb von WhatsApp öffnen.

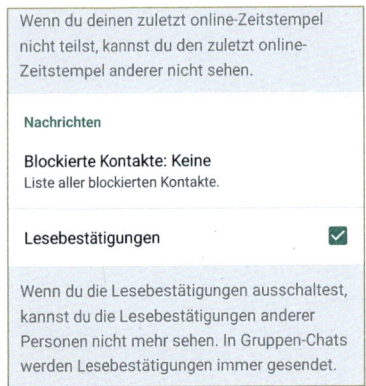

Wenn du deinen zuletzt online-Zeitstempel nicht teilst, kannst du den zuletzt online-Zeitstempel anderer nicht sehen.

Nachrichten

Blockierte Kontakte: Keine
Liste aller blockierten Kontakte.

Lesebestätigungen ✓

Wenn du die Lesebestätigungen ausschaltest, kannst du die Lesebestätigungen anderer Personen nicht mehr sehen. In Gruppen-Chats werden Lesebestätigungen immer gesendet.

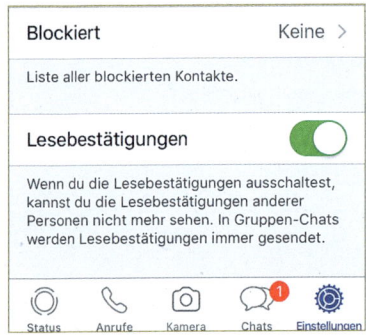

Blockiert Keine ›

Liste aller blockierten Kontakte.

Lesebestätigungen

Wenn du die Lesebestätigungen ausschaltest, kannst du die Lesebestätigungen anderer Personen nicht mehr sehen. In Gruppen-Chats werden Lesebestätigungen immer gesendet.

Status Anrufe Kamera Chats Einstellungen

3. Lesebestätigung deaktivieren

In der Standardeinstellung sieht Ihr Gegenüber, ob Sie seine Nachricht bereits gelesen haben: Als Lesebestätigung verwandeln sich dann auf dessen Smartphone die zwei grauen Häkchen neben der gesendeten Nachricht in zwei blaue.

Das muss nicht, aber es kann zu Situationen führen, in denen Ihr Gegenüber Sie vorwurfsvoll fragt, warum Sie denn bisher nicht auf seine Nachricht reagiert haben, obwohl Sie diese doch bereits seit zwei Tagen gelesen haben. Denn schließlich sind ja bereits die blauen Häkchen aufgetaucht.

Diese Lesebestätigung können Sie deaktivieren: Gehen Sie auf *Einstellungen* > *Account* > *Datenschutz*. Entfernen Sie hier das Häkchen bei *Lesebestätigungen*.

Bedenken Sie: Sie selbst bekommen nun auch keine Lesebestätigung angezeigt, ob ein anderer Kontakt Ihre Nachricht bereits gelesen hat.

In einem Gruppenchat herrschen andere Regeln: Hier tauchen die blauen Häkchen immer auf – und zwar, sobald auch das letzte Gruppenmitglied die Nachricht gelesen hat.

4. Selbstkontrolle – nicht alles muss gesendet werden

Alle Daten – Texte, Fotos, Sprachnachrichten usw. – werden bei WhatsApp in großen Datenzentren (Servern) gespeichert, bis der Empfänger sie irgendwann abholt. Tut er das nicht, wird die Nachricht – laut eigener Aussage von WhatsApp – nach 30 Tagen gelöscht. Eine Garantie dafür haben Sie nicht.

Aber selbst wenn: Anstand sowie geltendes Recht setzen Grenzen für einige Themen. Inhalte wie Firmeninterna, allzu freizügige

Fotos, Familienstreitigkeiten und Bilder von Babys Badetag haben nichts in einem WhatsApp-Chat verloren.

Auch wenn Ihr Kind oder Enkel beispielsweise in einer Gruppe mit anderen Kindern spielt, haben Sie rechtlich gesehen nicht die Erlaubnis, ein Foto, auf dem alle Kinder zu erkennen sind, zu verbreiten.

5. Lösch-Funktion für bereits gesendete Nachrichten

Es ist doch passiert: Im Affekt oder aus Versehen haben Sie eine Nachricht versendet, die Sie eigentlich gar nicht verschicken wollten. Lange Zeit hieß das: Pech gehabt.

Eine recht neue Funktion von WhatsApp ermöglicht nun aber das Löschen bzw. „Zurückholen" von Nachrichten. Die Lösch-Funktion steht Ihnen auch für Gruppenchats zur Verfügung. Hier werden die Nachrichten bei allen Gruppenmitgliedern gelöscht – allerdings mit denselben Einschränkungen.

Auch wenn der Empfänger die Nachricht bereits gelesen hat (also ggf. zwei blaue Häkchen auftauchen), kann die Nachricht noch gelöscht werden.

So gehen Sie vor, um eine versehentlich gesendete Nachricht zurückzuholen, also wieder zu löschen:

1 Tippen und halten Sie Ihre zu löschende Nachricht.

2 Tippen Sie nun auf das *Papierkorb*-Symbol.

3 Im auftauchenden Dialog wählen Sie *Für alle löschen* und bestätigen mit *OK*.

Die Nachricht ist nun gelöscht. Allerdings erhält der Empfänger statt Ihrer Nachricht dennoch eine Benachrichtigung im Chat-Verlauf mit dem Inhalt: *Diese Nachricht wurde gelöscht*.

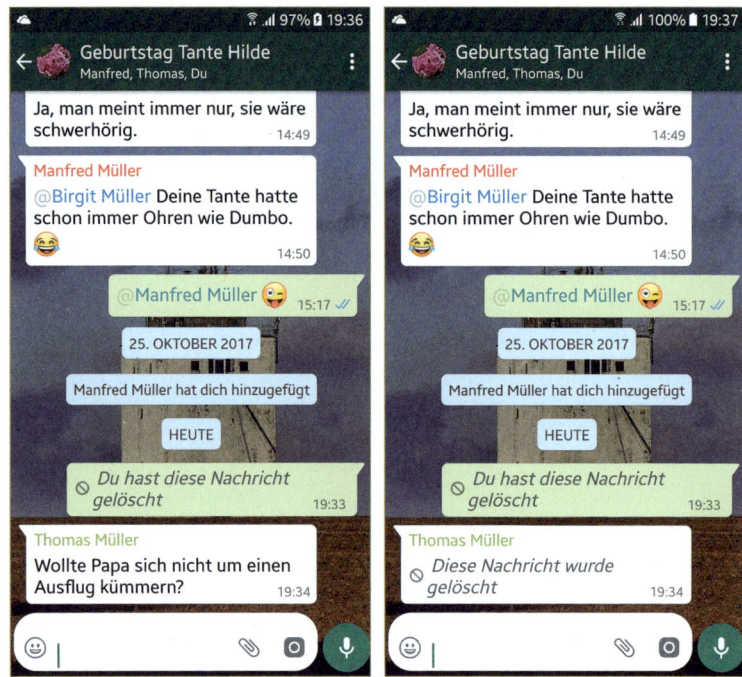

Diese Lösch-Info selbst kann nicht gelöscht werden. Der Empfänger erhält sie auch, wenn er die Nachricht selbst noch gar nicht empfangen hat, weil er beispielsweise zu dem Zeitpunkt offline war.

Einschränkungen bei der Lösch-Funktion

Ob die zu löschende Nachricht schon gelesen wurde, können Sie an den beiden blauen Häkchen erkennen. Auch dann wird der Text durch die Lösch-Info ersetzt.

Das Löschen auf dem Gerät des Empfängers funktioniert allerdings nur, wenn Sie und der Empfänger eine aktuelle Version von Whats-App nutzen. Welcher Kontakt welche WhatsApp-Version hat wissen Sie nicht.

Zudem müssen Sie die Nachricht innerhalb von sieben Minuten nach dem Versand der Nachricht löschen – danach steht die Option nicht mehr zur Verfügung.

Was Sie ebenfalls nicht wissen, ist, ob Ihre Nachricht vom Empfänger bereits weitergeleitet wurde. Wurde die Nachricht in weitere Chats weitergeleitet, können Sie diese weitergeleiteten Kopien nicht ebenfalls löschen – sie bleiben bestehen.

Austricksen der Sieben-Minuten-Frist

Derzeit lässt sich die Sieben-Minuten-Frist noch leicht umgehen.

1 Schalten Sie die WLAN-Verbindung sowie die mobile Datennutzung ab.

2 Stellen Sie manuell Datum und Uhrzeit Ihres Smartphones auf einen Zeitpunkt vor dem Versand der zu löschenden Nachricht um.

3 Beenden Sie WhatsApp nun vollständig und starten Sie die App neu.

4 Jetzt können Sie auch eine Nachricht löschen, die deutlich älter ist als sieben Minuten, weil WhatsApp den Zeitstempel der Nachricht nur mit der Uhrzeit vergleicht.

5 Danach gehen Sie durch Aktivierung des WLAN oder der mobilen Datenverbindung wieder online und der Löschauftrag wird ausgeführt. Die Einschränkungen hinsichtlich bereits weitergeleiteter Nachrichten bleiben aber auch hier bestehen.

Tipps, Tricks & Alternativen

Fast alles zu WhatsApp wissen Sie nun bereits. Ein paar versteckte Zusatzfunktionen gibt es dennoch – um diese geht es hier.
Falls Sie durch WhatsApp Gefallen gefunden haben an Messenger-Diensten, nun aber auf der Suche nach sichereren Alternativen sind, werden Ihnen zum Abschluss weitere Apps vorgestellt. Denn schließlich können Sie auch mehrere Messenger parallel laufen lassen.

Tipps & Tricks für WhatsApp

Seien Sie skeptisch, was Apps von Drittanbietern mit Zusatzfunktionen angeht. Bestenfalls erhalten Sie bildschirmfüllende Werbeeinblendungen, schlimmstenfalls sehen und stehlen die Betrüger hinter solchen Apps Ihre Daten.
Es gibt aber trotzdem Möglichkeiten, den Funktionsumfang von WhatsApp zu erweitern.

Gelöschten Chat-Verlauf wiederherstellen

Haben Sie versehentlich einen Chat geleert oder gelöscht? Android-Nutzern bietet sich dann eine Hintertür. Auf iPhones funktioniert die folgende Methode leider nicht.

Dieser Trick funktioniert nur, wenn Sie eine Datenbank haben, die erstellt wurde, bevor der Chat-Verlauf geleert wurde.

1 Verbinden Sie Ihr Smartphone per USB-Kabel mit einem PC oder Mac. Das Smartphone sollte nun als Wechselspeicher angezeigt werden.

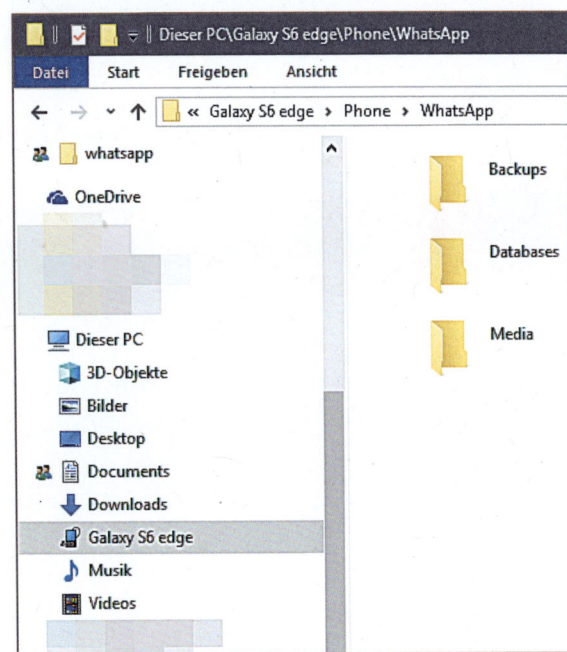

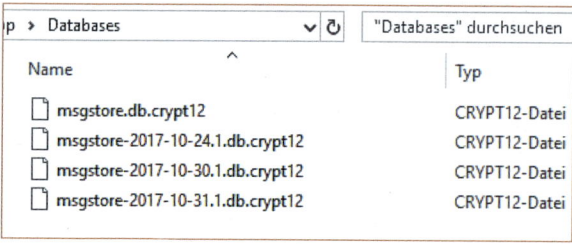

2 Öffnen Sie den Speicher, wählen Sie den Ordner *WhatsApp* aus und darin den Unterordner *Databases*. Hier speichert WhatsApp die lokale Datenbank. Die aktuelle Datenbank hat den Namen *msgstore.db.crypt12*. Es gibt aber auch Dateien, die zusätzlich eine Zahlenfolge im Format Jahr-Monat-Tag im Namen haben. Diese Dateien mit dem Datum im Namen sind ältere Versionen der internen Datenbank.

3 Zuerst muss die Datei *msgstore.db.crypt12* gelöscht oder umbenannt werden.

4 Nun muss eine der anderen Dateien in *msgstore.db.crypt12* umbenannt werden. Sollte eine dieser Dateien eine Endung wie *crypt11* oder *crypt9* haben, darf die Endung nicht verändert werden.

5 Nun müssen Sie WhatsApp deinstallieren und anschließend neu installieren.

6 Bei der erneuten Einrichtung sollte WhatsApp eine Wiederherstellung anbieten. Dabei wird auf besagte Datei *msgstore.db.crypt12* zugriffen, die zuvor umbenannt wurde und jetzt den gelöschten oder geleerten Chat-Verlauf enthält.

7 Schließen Sie die Einrichtung der App und kontrollieren Sie, ob die Daten wiederhergestellt wurden.

Standardkamera für Fotos und Videos verwenden

WhatsApp verwendet eine eigene Kamera-App für Foto- und Videoaufnahmen. Falls Sie lieber die Kamera-App Ihres Smartphones nutzen möchten, bietet WhatsApp ein Hintertürchen an.
Leider klappt aber auch dieser Trick nur unter Android.

1 Statt die Kamera direkt aufzurufen, wählen Sie das *Büroklammer*-Symbol zum Hinzufügen oder Verschicken von Dateien.

2 Tippen und halten Sie das *Kamera*-Icon.

3 Sie werden gefragt, ob Sie ein *Foto* oder ein *Video aufnehmen* wollen. In beiden Fällen öffnet sich die Ihnen bekannte Kamera-App Ihres Smartphones. So stehen Ihnen auch Funktionen wie HDR zur Verfügung, die die Kamera von WhatsApp nicht unterstützt. Außerdem müssen Sie zum Aufzeichnen eines Videos den Auslöser nicht gedrückt halten.

4 Nach Abschluss der Aufnahme geht es automatisch in Whats-App weiter, um das Foto oder Video zu bearbeiten.

Fotos und Videos ohne Qualitätsverlust verschicken

Alle Fotos und Videos, die Sie per WhatsApp versenden, werden vorab stark komprimiert und in ihrer Auflösung reduziert. Das führt zu einem deutlichen Qualitätsverlust.

Dies können Sie umgehen, indem Sie das Foto als Datei schicken.

1 Tippen Sie im Chat auf das *Büroklammer*-Symbol (Android) bzw. auf das *Plus*-Zeichen (iPhone) und dann auf *Dokument*.

2 Navigieren Sie zum Speicherort des Fotos.

3 Wählen Sie es durch Antippen aus und bestätigen Sie, dass Sie die gewählte Datei verschicken wollen.

Denken Sie daran, dass Sie auf dem iPhone auf diese Art nicht direkt auf die Fotos zugreifen können, weil Sie ja offiziell ein Dokument versenden wollen. Fotos, die Sie im Original per iPhone verschicken wollen, müssen auf iCloud liegen. Das sollte aber per Voreinstellung der Fall sein.

WhatsApp-Nachrichten übersetzen

Dieser Tipp funktioniert mit Android, kann auf einem iPhone aber auf Umwegen auch erreicht werden.

▶ **Unter Android** laden Sie die Tastatur-App *Gboard* über den Play Store herunter. Öffnen Sie die App und folgen Sie der Anleitung, um sie als Standardtastatur einzustellen.

1 Wenn Sie eine neue Chat-Nachricht verschicken wollen, sollte sich die Google-Tastatur öffnen, auf der Sie links oben über der *1* das *G* als Google-Symbol sehen.

2 Tippen Sie zuerst darauf und anschließend auf das Symbol des *Google-Übersetzers*, das sich direkt links von der Farbpalette befindet.

3 Links über dem sich geöffneten Eingabefeld wählen Sie die *Ausgangssprache* aus, rechts die *Zielsprache*. Nun können Sie etwa Text in Deutsch eingeben, den die Tastatur automatisch in Englisch übersetzt und in das Eingabefeld von WhatsApp einfügt.

4 Ein Tippen auf *Senden* schickt die übersetzte Nachricht ab.

▶ **Für das iPhone** bietet Gboard diese Funktion derzeit leider noch nicht an. Per Übersetzungs-Apps wie etwa *Google Übersetzer*, *PONS* oder *dict.cc Wörterbuch* kann man allerdings ebenfalls leicht Text übersetzen – und auch Offline-Sprachpakete herunterladen.

1 Markieren Sie ein Wort oder Textbaustein im Chat-Verlauf und kopieren Sie es.

2 Wechseln Sie in die entsprechende Übersetzer-App und fügen Sie es dort ein. Es wird übersetzt.

3 Kopieren Sie die Übersetzung und fügen Sie sie in WhatsApp ein.

Kommende Funktionen

Ständig kommen neue Funktionen hinzu – nicht zuletzt, um die Nutzer bei der Stange zu halten.

Für kommende App-Versionen ist unter anderem geplant, beim Wechsel der Telefonnummer alle oder nur ausgewählte Kontakte über die neue Nummer zu informieren.

Zudem plant WhatsApp, Sprach- und Videotelefonate in einer Gruppe zu ermöglichen. Wie viele Personen an einer solchen Konferenz teilnehmen können, ist noch nicht bekannt.

Ebenso soll es bald möglich sein, Broadcast-Listen unter Android zu bearbeiten. Derzeit können Sie nur neue Kontakte zu einem Broadcast hinzufügen, aber keine vorhandenen Kontakte löschen.

Auch eine Bezahlfunktion ist in Arbeit, die es Ihnen erlaubt, Geld an Ihre Kontakte zu senden. Sie wird wahrscheinlich über das *Büroklammer*-Symbol (Android) beziehungsweise das *Plus*-Zeichen (iPhone) für das Versenden von Dateien in einem Chat aufgerufen. Die Bezahlfunktion selbst soll über das *Einstellungen*-Menü in der WhatsApp-App konfiguriert werden.

Alternativen zu WhatsApp

Neben WhatsApp gibt es Dutzende weitere Messenger-Apps. Beschränkt man allerdings die Auswahl auf wichtige Kriterien wie Verbreitung und Sicherheit, wird das Angebot recht überschaubar. Vor allem bei der Verbreitung kann kein Anbieter mit WhatsApp mithalten – und darum geht es letztlich: wie viele Ihrer Kontakte auch auf der alternativen Plattform mitspielen (oder von Ihnen dazu überredet werden).

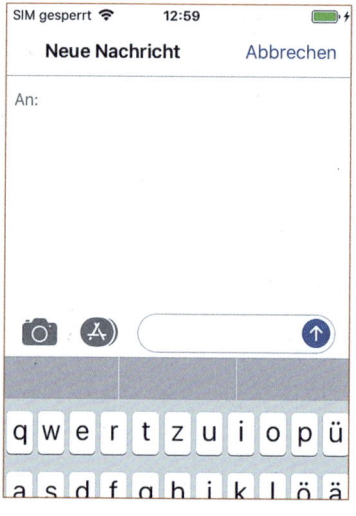

Apple iMessage

iMessage ist Nutzern von Apple-Geräten vorbehalten: für Android oder andere Betriebssysteme gibt es die App nicht.

Untereinander können sich iPhone-, iPad- und Mac-Nutzer damit kostenlos Nachrichten, Bilder, Videos, Kontakte und Dateien schicken. Die Anmeldung erfolgt per Apple ID.

Ist der Empfänger einer Nachricht nicht bei Apple registriert, wird die Nachricht per SMS verschickt, was entsprechende Kosten verursacht. Auch iMessage verschickt Nachrichten mit einer Ende-zu-Ende-Verschlüsselung.

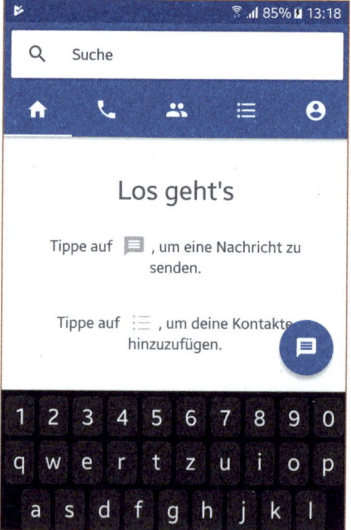

Facebook Messenger

Ursprünglich in Facebook integriert, ist der Facebook Messenger heute eine eigenständige App. Auch wenn der Name es suggeriert, ist die App nicht nur Mitgliedern des Social Network Facebook vorbehalten. Auch ohne Facebook-Konto können Sie sich für den Messenger registrieren. Neben der Voll- gibt es auch eine Lite-Version mit abgespecktem Funktionsumfang.

Allerdings können Sie nur mit Facebook-Mitgliedern kommunizieren. Der Empfänger muss sich mit Ihnen verbinden, sprich, dem Erhalt von Nachrichten von Ihnen zustimmen.

Zum Funktionsumfang gehören Chats, Gruppenchats, der Versand von Fotos und Videos und kostenlose Telefonate mit anderen Facebook-Nutzern. Tippen Sie auf das blaue Symbol für eine neue Nachricht in der linken unteren Ecke und geben Sie den Namen der Person ein, mit der Sie kommunizieren möchten.

Google Hangouts

Auf Android-Geräten ist fast immer diese App von Google vorinstalliert. Google Hangouts gibt es aber auch im Apple App Store. Hangouts unterstützt den Versand von Chat-Nachrichten, Fotos, Videos, Ihres Standorts und mehr – sowie Statusmeldungen, die sich mit Emojis, Stickern und animierten GIFs verschönern lassen. An Chats können Gruppen von bis zu 150 Personen teilnehmen. Ebenfalls integriert sind eine kostenlose Telefonfunktion für Sprach- und Videotelefonate, beschränkt auf die Nutzer der eigenen App.

Im Gegensatz zu WhatsApp kann man mit Hangouts auch herkömmliche Telefonnummern anrufen. Das ist kostenpflichtig und benötigt ein Google-Voice-Konto.

Ein Icon in der rechten unteren Ecke startet einen neuen Chat, oder Sie tippen auf einen vorhandenen Chat, um eine Antwort oder eine neue Nachricht an diesen Kontakt zu schreiben. Google Hangouts lässt sich auch im Browser nutzen – ohne eingeschaltetes Handy. Rufen Sie hangouts.google.com auf, die Anmeldung erfolgt wie in der Android- oder iPhone-App über Ihr Google-Konto.

Zudem können Sie Hangouts auch auf mehreren Geräten einsetzen, was ein Vorteil gegenüber WhatsApp ist. Google synchronisiert sogar alle Inhalte wie Chats und Anrufe über alle Geräte hinweg. Ein Chat, den Sie im Browser begonnen haben, können Sie also später auf Ihrem Smartphone fortsetzen.

Hoccer

Unter den besonders sicheren Messengern nimmt Hoccer eine Sonderstellung ein: Der in Berlin ansässige Anbieter verspricht, dass sich alle Server, über die Hoccer seine Kommunikation abwickelt, in Deutschland befinden und somit den strengen deutschen Datenschutzgesetzen unterliegen.

Ein weiterer wichtiger Unterschied zur Konkurrenz: Nutzer benötigen weder eine Telefonnummer noch eine E-Mail-Adresse, um die App nutzen zu können. Tatsächlich fragt Hoccer nach der Installation lediglich nach einem Namen, der natürlich auch ein Spitzname sein kann. Optional kann ein Profilfoto hinterlegt werden.

Da Hoccer weder E-Mail-Adresse noch Telefonnummer seiner Nutzer kennt und auch nicht auf deren Smartphone-Adressbuch zugreift, ist die Kontakteliste des Messengers bei der ersten Verwendung der App leer. Freunde lädt man per SMS, E-Mail oder über einen Code ein. Dafür muss man lediglich auf einen freien Bereich des Chat-Fensters tippen oder auf das *Personen-Symbol* am oberen (Android) oder unteren Bildrand (iPhone) und die gewünschte Option auswählen.

Anschließend können Sie mit Hoccer Nachrichten, Dateien und Fotos an Kontakte und Gruppen verschicken.

Line

Line gibt es für nahezu alle Plattformen wie iPhone, Android, Windows Phone, Blackberry, Nokia – selbst für Windows-10-PCs.

Der Funktionsumfang entspricht dem der Wettbewerber: Textnachrichten, Telefonieren, Gruppenchats, Fotos, Videos, Sprachnachrichten. Seit Ende 2015 setzt der aus Japan stammende Anbieter ebenso auf Ende-zu-Ende-Verschlüsselung. Allerdings möchte auch diese App den Zugriff auf Ihre Kontakte.

Zu beachten ist, dass Sie ab Werk über den Namen, den Sie für Ihr Line-Profil verwenden, von jedem Nutzer gefunden und auch kontaktiert werden können. Wer das nicht will, sollte unbedingt in den Privatsphäre-Einstellungen den Punkt *Hinzufügen über ID erlauben* deaktivieren und die Option *Nachrichten ablehnen* einschalten.

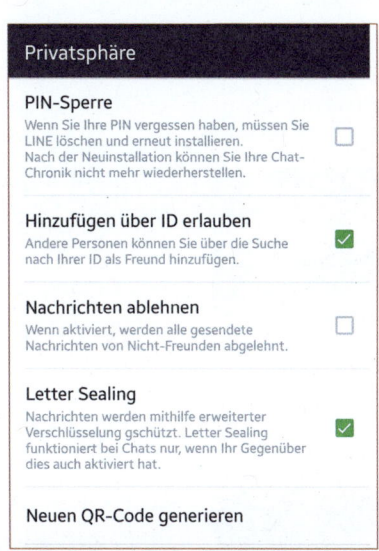

Signal

Auch diese App gilt als besonders sicher. Sie wird vom Whistleblower Edward Snowden empfohlen, dessen Enthüllungen 2013 die Affäre um den US-Auslandsgeheimdienst National Security Agency (NSA) auslösten.

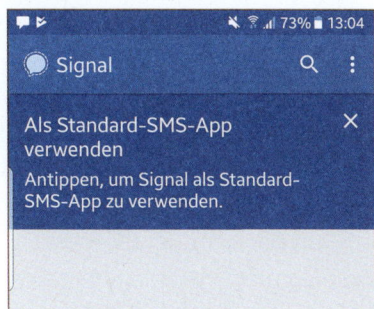

Die App gibt es kostenlos im Google Play Store und im Apple App Store. Ihr Funktionsumfang ist mit WhatsApp vergleichbar: Chats, Gruppenchats sowie Sprach- und Videoanrufe.

Skype

Kostenlose Sprach- und Videoanrufe zwischen Skype-Nutzern stehen bei dieser App im Mittelpunkt. Es gibt sie gratis für Android und für das iPhone – sowie für Windows, macOS und Linux.

Im Gegensatz zu WhatsApp kann man hier jede beliebige Telefonnummer anrufen (gegen Gebühr). Aber gerade bei Auslandsgesprächen sind diese Gebühren oft deutlich niedriger als beim eigenen Telefonanbieter, weswegen Skype auch bei Unternehmen sehr beliebt ist.

Eine weitere Funktion, die WhatsApp derzeit noch nicht hat und die auf Geschäftskunden ausgerichtet ist, sind Telefon- und Videokonferenzen mit mehreren Teilnehmern.

Daneben bietet die App aber auch eine Chat-Funktion inklusive der Übertragung von Fotos und Videos.

Skype integriert sich zwar in Ihr Telefonbuch und greift auch darauf zu – Sie sind aber nicht automatisch für jeden erreichbar, der Ihre Telefonnummer in seinem Telefonbuch hat.

SnapChat

Die App, die kostenlos für Android und für das iPhone erhältlich ist, ist vor allem bei Jugendlichen sehr beliebt. Sie hat zwar auch eine Chat-Funktion, in erster Linie ist sie jedoch für den Versand von Fotos und sehr kurzen Nachrichten gedacht. Die Fotos können umfangreich mit Spaß-Effekten bearbeitet und verfremdet werden. Sie werden als „Snaps" an andere Nutzer verschickt oder als *Meine Story* veröffentlicht.s

Das Besondere: Sie stellen den Zeitraum ein, nachdem sich ein *Snap* automatisch beim Empfänger löscht (wenn der nicht zuvor einen Screenshot gemacht hat). Tippen Sie dafür im Bildschirm für die Bearbeitung eines Fotos auf das *Stoppuhr*-Symbol.

Auch SnapChat fragt zahlreiche Berechtigungen ab: Kamera, Mikrofon, Adressbuch. Allerdings müssen Sie vorgeschlagene Kontakte manuell hinzufügen (*adden*), was Ihr Gegenüber bestätigen muss.

Telegram

Zumindest wenn man die Funktion „Geheime Chats" nutzt, gehört diese App – kostenlos sowohl für Android als auch für das iPhone – zu den sichersten Messengern: dann wird eine Ende-zu-Ende-Ver-

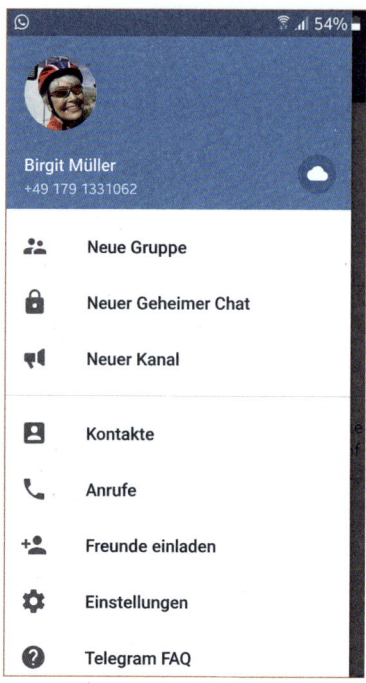

schlüsselung aktiviert. Geheime Chats können zudem Nachrichten enthalten, die nach Ablauf eines Timers bei Absender und Empfänger unwiderruflich gelöscht werden. Im Gegensatz zu WhatsApp speichert Telegram jedoch Chat-Nachrichten und Dateien auf seinen Servern. Das schwächt Datenschutz und Privatsphäre, bietet aber auch einen Vorteil: Alle Chats sind automatisch gesichert und stehen jederzeit auf allen Geräten inklusive PCs zur Verfügung. Das bedeutet, dass Telegram auf mehreren Geräten gleichzeitig eingesetzt werden kann.

Threema

Bei sicherheitsbewussten Nutzern erfreut sich Threema großer Beliebtheit. Die schweizerische App nutzt Ende-zu-Ende-Verschlüsselung und bietet eine Funktion, mit der sich die Identität des Empfängers überprüfen lässt.

Die App kostet 2,99 Euro im Google Play Store bzw. 3,49 im Apple App Store. Das gibt Nutzern die Gewissheit, dass der Anbieter – im Gegensatz zu WhatsApp – nicht gezwungen ist, mit den Daten seiner Nutzer Geld zu verdienen.

Threema verspricht Nutzern „völlige Anonymität". Eine Telefonnummer oder E-Mail-Adresse muss nicht angegeben werden, kann aber freiwillig hinterlegt werden. Sie können neben Textnachrichten auch Fotos und Sprachnachrichten verschicken. Ende-zu-Ende verschlüsselte Telefonate sind ebenfalls möglich. Zum weiteren Funktionsumfang gehören Gruppenchats, Verteilerlisten und Umfragen. Darüber hinaus gibt es auch eine für Tablets optimierte Version von Threema, was WhatsApp bisher nicht bietet.

Alternative oder Parallelbetrieb?

Das Angebot an Messengern für Android und iPhones ist riesig. Eines der wichtigsten Argumente sollte stets sein, wie viele der eigenen Kontakte ebenfalls auf der jeweiligen Plattform sind – oder wie gut Ihre Überredungskünste sind, Freunde und Bekannte von der App Ihrer Wahl zu überzeugen. Denn ohne Kontakte kein Chat.

Auch der Parallelbetrieb mehrerer Messaging-Apps ist möglich. Sie können also etwa per WhatsApp mit den meisten Ihrer Kontakte kommunizieren und gleichzeitig mit einem sichereren Messenger mit anderen Freunden Kontakt halten. Das klappt selbst, wenn diese Freunde ebenfalls bei WhatsApp sind.

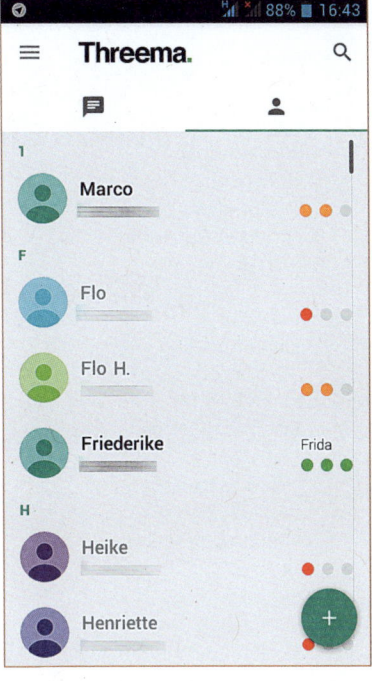

Info

Mehrdeutige Emojis: Einige Messenger (und SMS) nutzen eigene Emojis, andere greifen auf die des jeweiligen Systems zurück. Senden Sie einen Smiley für ein „Ich-weiß-von-nichts-Pfeifen" bzw. „Küsschen", könnte der auf einem Smartphone mit anderem Betriebssystem plötzlich als „Kuss mit Herz" angezeigt werden – oder anders herum. Der Beispiel-Smiley ist stets der gleiche, dargestellt unter WhatsApp, Apple, Google, Microsoft, Samsung (von oben).

Hilfe

Stichwortverzeichnis

© 2018 Stiftung Warentest, Berlin

Stiftung Warentest
Lützowplatz 11–13
10785 Berlin
Telefon 0 30/26 31–0
Fax 0 30/26 31–25 25
www.test.de
email@stiftung-warentest.de

USt-IdNr.: DE136725570

Vorstand: Hubertus Primus
Weitere Mitglieder der Geschäftsleitung:
Dr. Holger Brackemann, Daniel Gläser

Programmleitung: Niclas Dewitz

Autor: Stefan Beiersmann
Projektleitung: Johannes Tretau
Lektorat: Magnus Enxing, Münster
Mitarbeit: Merit Niemeitz, Stefanie Proske
Korrektorat: Nicole Woratz, Berlin
Layout, Grafik, Satz: Sylvia Heisler
Bildnachweis: avenue-images (Titel);
shutterstock, istock (Umschlag Rückseite)
Screenshots: Stefan Beiersmann

Produktion: Vera Göring
Verlagsherstellung: Rita Brosius (Ltg.),
Susanne Beeh, Romy Alig
Litho: tiff.any, Berlin
Druck:· Media-Print Informationstechnologie
GmbH, Paderborn

ISBN: 978-3-86851-244-1

Die **Stiftung Warentest** wurde 1964 auf Be-
schluss des Deutschen Bundestages gegründet, um dem Verbraucher durch vergleichende
Tests von Waren und Dienstleistungen eine
unabhängige und objektive Unterstützung zu
bieten.

Der Autor: Stefan Beiersmann schreibt seit 2006
als freier Journalist für mehrere Onlinemagazine
über das Tagesgeschehen in der IT-Branche.
Im Buchprogramm der Stiftung Warentest ist
von ihm bereits der Ratgeber „Samsung Galaxy"
erschienen.

Wir haben für dieses Buch 100 % Recyclingpapier
und mineralölfreie Druckfarben verwendet.
Stiftung Warentest druckt ausschließlich in
Deutschland, weil hier hohe Umweltstandards
gelten und kurze Transportwege für geringe
CO_2-Emissionen sorgen. Auch die Weiterverar-
beitung erfolgt ausschließlich in Deutschland.